海軍兵学校から学んだ

指揮官経営学

高砂熱学工業株式会社　代表取締役会長
石井　勝

元就出版社

「五省」

一、至誠に悖（もと）るなかりしか
二、言行に恥ずるなかりしか
三、気力に欠くるなかりしか
四、努力に憾（うら）みなかりしか
五、不精に亘るなかりしか

はじめに

平成十七年は敗戦から六十年に当たる。そんな節目の年に、日本経済には「平成不況」といわれるバブル崩壊後の長い不況のトンネルを抜けようとする様々な現象が見えてきた。後の経済指標を見ると、いわゆるバブル経済のピークは昭和六十三年（一九八八年）の秋であった。バブル経済が崩壊して十八年が経つわけだが、この間の日本を評して「失われた十年」、あるいは「第二の敗戦」といった言葉が新聞や放送などのメディアで何度となく語られたものだった。

戦後、廃墟の中から無一物で立ち上がり、時に停滞はありながらも復興と発展を遂げてきた日本だが、バブルとそれ以後の長い平成の不況を体験したこの国の、そのありようがどこかおかしい。バブルは日本人に様々な後遺症を残し、今日に至っているように思える。自分一人だけの利益を追求する金万能の拝金主義、モラルの欠如、いわれのない傲慢さ……。その一方で経済的な停滞が長引く結果、一時はあれほど自信に満ちて日本の経済力や己の属する企業の業績を誇り、「経済大国」を謳歌していたはずなのに、そうした自信は今や大方の日本人に見ることはできない。

このような現象は個人だけではない。優良企業と目され国民に信頼されていた大手企業の、一連の犯罪や不祥事は一体どうしたことなのか。かつて日本人が普通に持っていたモラルも、ごく当たり前な商業道徳すらそこにはない。ことは民間企業だけにとどまらない。エリートと称され、国を指導すべき政治家や高級官僚たちの悪行や愚行、国の将来や国民の生活、福祉など念頭になさそうな利己的な行動は奇怪でさえある。

こうした立場にある人々が本来考えられないような醜態をさらしているのだから、若者の世界もまともでありようがない。額に汗して地道に働くことなどばからしいという風潮が蔓延し、楽をして金を稼ぎ、ただ遊ぶことばかりに興味が走る。かと思えば、他人を思いやる心が薄く、すぐ衝動的に暴力に走り、人を傷つけても心に痛みを感じない。そんな事件が世上、後を絶たない。

バブル以降、どうも日本はおかしな方向へ進んでいるような気がしてならない。この平成と呼ばれる時代は、歴史的に振り返ったときどのような位置づけをされるのだろうか。「昭和」に生まれ育ち、貧困と戦争と、戦後の復興期に精魂を傾けて働き続けてきた私は、日本の行く末に対していささかの危惧（きぐ）を感じざるを得ない。私の世代はそれでも良い。これからの日本は、そして日本人はどこへ向かって進んでいくのか。それとも再び滅びの道を歩もうとしているのか。

私のこれまでの生涯を振り返り、身近な人たちにこれからの指針のよすがとなるものでもあれば残しておきたい。ここ数年そんな思いが強くなった。こうした考えから、ささやかだが、私がこれまで生きてきた道筋を語り残しておくことにした。

海軍兵学校に学んだ

指揮官経営学

――目次

海軍兵学校に学んだ

指揮官経営学

プロローグ

会社の私の机の上には、海軍兵学校三号生徒時代、毎夜自習止めの前に朗誦した「五省」を書いた紙片が置いてある。

一、至誠に悖るなかりしか
二、言行に恥ずるなかりしか
三、気力に欠くるなかりしか
四、努力に憾みなかりしか
五、不精に亘るなかりしか

私は今でもときにこの書き付けを見ては、心の内で五省を唱えている。海軍兵学校といっても、いまどきの若い人たちにはわかるまいが、旧海軍の士官、つまり幹部を養成する学校で、広島県の江田島にあった。戦時下の日本で、海軍軍人を目指す若者にとってはあこがれの学校で、そこには難関を突破して入校を果たした俊秀が全国から集まっていた。

昭和十八年十一月二十日、私は家族や親しい友人、同級生全員に送られて東京駅を発ち、広島県江田島に向かった。旧制中学校を四年で飛び級し、同地にある海軍兵学校に入学するためである。十六歳と四ヵ月であった。

米英など連合国を相手の太平洋戦争は開戦から二年たち、戦局が容易ならない段階にあることは、まだ中学生の私でもおおよそ理解していた。国を挙げての戦争に、遅かれ早かれ自分たちも戦場に出ることを、そのころ同じ世代の誰一人として疑いもしなかった。そして私も日本の勝利を信じていた。

「中学を卒業して一般の高等学校、大学へ進んでも、どうせ兵隊にとられる。それなら志願して将校になった方がましだ」

そんな気持ちも心の片隅にあった。私は海軍士官になる道を選んだのだった。江田島へ向かう私の心は、初めて家族のもとを離れて新しい生活に臨む昂奮と、いいようのない感動で激しく震えていた。新しい生活に向かって一歩踏み出したその方向が、その後の私の人生を決定づける上で大きく作用しているように思う。わずか二年足らずだったが、兵学校での体験とその教育が私の原点となったと確信しているからである。私が海軍兵学校の「五省」を今も手元において座右の銘としている理由はそこにある。

第一章——海軍士官の矜持（きょうじ）

昭和時代の幕開け

私は昭和二年八月九日、東京都浅草区清川町に生まれた。後に母の言うところでは、午前五時二十分だったそうだ。その頃はどこの家でもお産は自分の家で、産婆がとりあげたものだ。だから母もそんな時間を正確に覚えているのだろう。浅草区は戦後下谷区と合併して台東区となるのだが、東京下町の真ん中といってもよい所だ。母のお産を手伝っていた祖母によると、私が生まれたとき、玄関先に大きな亀がやって来たそうだ。「これは目出度い」と、その亀に酒を飲ませ、近所の川に放してやったという。

私が生まれた昭和二年には、一月一日や二日生まれがやたらと多かった。というのも、大正天皇が亡くなって昭和と改元されたわけだが、昭和元年というのは一週間しかなく、その間に生まれた子供は慶事を自粛して年が改まってから生まれたことにし、出生届けを出したのだそうだ。だから私の人生も、実質的に昭和の時代の幕開けと同時に始まったことになる。

私が生まれたその頃の日本はどんな国だったのか。当時の新聞などを参考にして目立った事柄を拾ってみた。

大正十四年十二月二十五日、大正天皇は四十八歳で葉山のご用邸で崩御した。「文藝春秋」昭和二十八年一月号には、侍従、入江達吉のその時の回想記がある。

「朝より聖上御容体面白からず、報告を出す。昼頃御容体一層危虞の念あり。よって午後一時三十分非常召集の準備をなす。即ち元老、大臣、宮様方皆召集せられ、東京の枢密顧問官等を招致す。（略）翌午前一時二十五分心音やみ、呼吸止みたる時直ちに危険の発表をなす。十分間遡りたる時刻を記す。一時二十五分遂に崩御あらせらる」

そして「世紀の誤報事件」として新聞数社から号外が出された「光文」の元号ではなく、政府は「昭和」の新元号を発表、改元を即日公布した。新元号の典拠は中国の「書経」堯典の中の「百姓昭明　協和万邦」によるもので、「君民一致、世界平和」を意味すると説明された。しかし、昭和の時代の少なくとも二十年代までは、君民一致はともかくとして、世界平和の時代ではなかった。そして私の生まれた頃は、今年、平成十八年の現在と同じように長引く不況感は一掃されず、先の見通せない時代だった。

木佐木勝の「木佐木日記」には、昭和元年十二月三十日の項に次のように書かれている。この頃の時代相がよくわかるから、少し長いが引用する。

「十二月三十日（木）なんとも気の滅入る年の暮れだ。どっちを向いても暗い話ばかりだ。不景気は年々深刻化していく。失業者はちまたにあふれている。町中の空き家がふえている。表通りにも横町にも、『貸家』のはり紙ばかりが目につく。表通りに空き家が多いのは商売が成り立たなくなったからだ。横丁に貸家がふえたのは、安サラリーマンや失業者が郊外の安い家賃を求めて都心から逃げ出してしまったからだ。

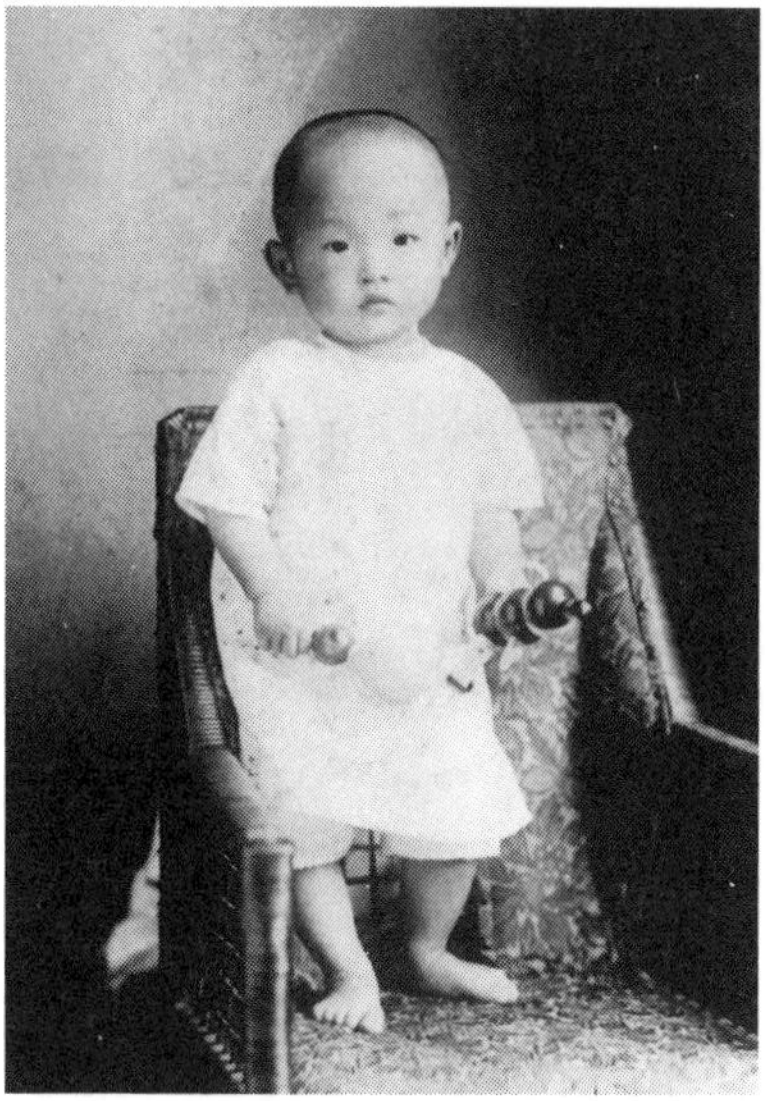

満１歳の誕生日

欧州大戦中の日本の繁栄は、つい昨日のことのようにふりかえられるが、現在の沈滞と廃墟の中の日本人は大正の終焉を消え行く時代の晩鐘として聞いた。だが、昭和の曙の薄明の中で、日本人はたれもまだ手さぐりの状態である。速い年の瀬に流されながら、人々は自分たちが歩いてきた過去の記憶の綱にすがることによって、これから歩き出す未来への手がかりとしようとしている。文化が、社会が、あらゆる面で低迷し、混迷し、おさきまっくらな時代に、暴進は禁物である。こんな時には、われわれが生きてきた過去の生活体験の中で、それを生かすことによって、未来を生み出すことができる手がかりを求めるよりほかないのだ」

大正から昭和への時代の変わり目は、まるで現在と同じではないか。今の日本は、平成不況からやっと脱出しようとしているところではあるが。

そして年が明けて昭和二年三月十四日、衆議院予算委員会で答弁に立った片岡直温蔵相は、「東京渡辺銀行がただいま休業しました」と軽率発言。これをきっかけとして金融恐慌が始まった。苦境に立っていた同銀行だが、休業した事実はなかったものの、翌日から銀行取り付けが始まり、渡辺銀行、あかぢ貯蓄銀行を皮切りに京浜地方で銀行の休業が続出する。

三月二十一日には日銀は市中銀行に非常貸し出しを開始、総額六億円にのぼった。二十五日には台湾銀行が当時の大商社・鈴木商店に新規貸し出しを停止、このため同社は破産する。相次ぐ金融機関の破綻は、四月に入り第二次金融恐慌へと発展していく。

こうした世情不安の中で若槻礼次郎内閣は総辞職し、田中義一政友会内閣が四月二十日に成立する。同月二十二日の緊急勅令によって三週間のモラトリアム（支払い延期）が実施されて金融恐慌は沈静化へ向かうのである。が、この頃から昭和の日本は不景気の閉塞感の中に生きることになった。

お隣の中国では、辛亥革命後も政権の帰趨は定まらず、軍閥間の抗争、内戦が激化していた。蔣介石率いる国民党軍は、北京を占領する満州軍閥張作霖軍と対峙するため北閥を開始していた。中国大陸に重要な権益を持つ日本は、このため邦人居留民の保護を名目に山東出兵（第一次）を行なうなど、硝煙のきな臭い匂いもこの頃から漂い始めていた。

もう少しこの頃のことを書いておこうと思う。

私が生まれたこの年八月、長野県岡谷の山一林組で製糸女工の長期ストが発生した。小説（「野麦峠」）や映画（「あゝ野麦峠」）でも知られ、「女工哀史」といわれたように過酷な労働を強いられた貧しい糸引き女工たちのストライキだったが、組合側の敗北で争議は終わる。

それから間もない九月十六日、千葉県野田では野田醬油の労働組合員が賃上げなどを要求してストライキに突入した。新聞はこの争議の模様を連日、大きく報道した。「突如野田争議の幹部十数名を一斉検挙」「直に松戸裁判所へ送致す」「竹槍六十本も押収」「検挙既に二百名　トラックで運び各署に収容」（東京日日新聞）

こんな見出しが紙面の中央に踊っている。この争議は翌三年四月解決したが、戦前では最長のストライキになったといわれている。不景気と生活苦に加え、社会運動の進展もあって全国各地の都市では労働争議、農村では小作争議が頻発していた。

そんな時代であったが、幼い私がそのような社会状況を知るはずもない。私は近所の悪童連とただひたすら遊んで過ごしていた。入学した小学校は石浜小学校といい、当時としては珍しい鉄筋コンクリート三階建ての校舎だった。関東大震災によって下町一帯は全部焼けてしまい、その後建てられた校舎はそうなったのだった。

小学校の学科は国語、算数、理科、修身、体育、音楽、図工とあったが、特に算数、理科は得意だったがどの科目も難しいと思ったことはない。勉強は教室の授業だけ、それでも集中していたから、試験はいつも満点だった。放課後も休みの日も友達と遊んでばかりいた。男の子の遊びといえばチャンバラごっこが多く、年かさの子供が「おい、行くぞ」というと、すぐついて行ってしまう。

勉強しなくても大体できたから、卒業のときは総代で証書をもらった。そんな息子の晴れ舞台でも、母親は卒業式に参列もしなかった。放任され子供時代から自立していた、といえば聞こえは良いが、母は内職に忙しかったからかもしれない。

小学校は五十人のクラスが五クラスで一学年二百五十人いたが、高等小学校で終わる者が大半で、普通科の中学へ進学する者は十人くらいのものだった。その他は若干が商業学校や工業学校へ進んで、手に職をつける勉強をするくらいのものだった。私の出た小学校でも、その後わかったのだが、私のクラスで大学まで進んだのは私一人だけだった。

私の家の近所はサラリーマンや商家の子弟が多く、みんな似たような慎ましい生活をしていた。私が生まれた昭和初期は不景気な時代で、当時は学校給食などはなく皆、弁当持参だったが、クラスに四、五人は昼休みに別室に呼ばれる生徒がいた。弁当を持って来られないから、学校がそういう生徒に弁当を用意してやったのだ。そういうことは普通だった。

小学六年生になると、六泊七日の修学旅行があった。伊勢参りの後、奈良、京都を回るのだ。その費用は何年もかけて積み立てておくのだが、それでも一人か二人は積み立てできない子供がいた。

クラスでは積立金をけずって、そんな子も連れて行ってやろうということにする。そんなものだった。金がすべてではない、自然にみんなが助け合うその頃の世の中の方がよっぽど良かった。

家族は両親と男女それぞれ四人の子供がいたが、長男は生後三ヵ月で亡くなったので、八人の兄弟姉妹で私が長男のようなものだった。私の下に三男（昭和五年生れ）、長女（七年生れ）、二女（十年生れ）、三女（十三年生れ）、四女（十五年生れ）、四男（十七年生れ）がいた。

我が家の向かいは歌舞伎の女形大谷友右衛門付きの床山の家だった。その家の兄弟の年齢構成がうちとまったく同じで、そんなこともあって仲良しだった。少子化が問題になっている現在から見ると、ずいぶん子沢山の家庭と思われるかもしれないが、あの時代にこのくらいの子供がいるのはどこの家庭も同じだった。

父と母の思い出

私の父は岡山県でも広島に近い笠岡の出身だ。祖父の家、つまり父の生家から国道を百メートルほど西へ行くと広島との県境だ。これより広島という大きな標識が立っていた。家のすぐ前を山陽本線が走っていて、その先は瀬戸内海。沖合に小島があった。子供の頃は父の実家によく遊びに行ったもので、今ではすっかり埋め立てられてしまったが、良いところだった。

家は農業で、遠く先祖をたどると、水軍、つまり海賊稼業をなりわいにしていた形跡がある。父はその家の次男坊に生まれたが、あのあたりでは土地が少なく田舎では食べていけないから、東京へ出てきた。岡山の中学から早稲田大学法学部を卒業し、警視庁の試験を受けて合格、警官になった。

当時のサラリーマンの家はどこもそうだったが、警察官という仕事柄もあって、父はほとんど家にはいなかった。父は非常に穏やかで温厚な人間で、私は怒られたという記憶がない。家では大きな声を上げることもない静かな人だった。そんな父親のイメージが強いが、子供の頃の父について一つだけ鮮明な記憶がある。

二・二六事件のとき警視庁は反乱軍に占拠されて、それにどう反撃するかというとき、父がちょっとだけ家に帰ってきた。持っていた拳銃を隠すように押入れにしまった光景を今でもはっきり覚えている。まだ私が九歳の小学生で、そのときはあんな大事件とは思わなかったが、ラジオでも放送しているし、浅草の家のあたりでも流れ弾が飛んでくるかもしれないというので、押入れに布団を積み上げて弾除けにしたりした。

学校は二日ほど休みになって子供たちにとっては「しめしめ」だが、何か大変なことが起こったなという気持ちはあった。すこし休息して父はまた出て行ったが、大事な仕事をしているのだということは子供心にもわかった。

母は広島県福山の出身で、県立福山高女を卒業し、父と見合い結婚した。お嬢さん育ちで、あの当時には珍しく女学校を出ていて、はかまをはいて日傘をさして学校へ通っていたという話を昔、母から聞いたことがある。母も子供たちにうるさく「勉強しなさい」などという人ではなかった。中学生の頃、「人に迷惑をかけてはいけない」といわれたことがある程度だ。

父の警視庁の給料など、たいしたことはなかったのではないだろうか。当時では普通とはいえ、大勢の子供を抱えて家計のやりくりは楽ではなかっただろうと思う。父が非番で家にいるときでも、母は内職をやっていた。裁縫が得意で近所の娘たちに教えていたが、難しい絵羽織の仕立てを芸者衆から頼まれてはやっていた。絵羽織は縫い合わせる左右の絵柄を合わせるのが難しく、その仕立ては誰にでもできることではなかった。器用な人だった。

子供たちのおやつでよく買いに行かされたのは、きゅうすけと呼ばれていた欠けたビスケットや煎餅（せんべい）のキズものだ。完全なものを十とすると、少し欠損があるから九ということらしい。久助という字をあてている。しかし、キズものだからといって品質にかわりなく割安で、子供の頃のおやつはもっぱらこれだった。今の人は知らないだろうが、日本橋三越地下の食品売り場へ行くとちゃんと売っているし、歌舞伎座の売店で売っている煎餅のきゅうすけもある。

私が子供時代を過ごした昭和ひとけたの頃、どこの町内でも子供たちの人気の店は駄菓子屋だった。今考えても実に夢のある楽しい場所だったと思う。一銭で買える怪しげな食べ物がいっぱいあって、子供の口に入りきらないほど大きいあめ玉が四個で一銭だった。家の手伝いをしたお駄賃を何銭かもらっては、そんなバラ銭をいくつか握り締めて駄菓子屋へ駆けつけるのが、無上の喜びだった。

学校がひけると、私は近所の子供たちと暗くなるまで遊んでいた。遊びのことでいうと、浅草六区の映画は大人十銭、子供は五銭、貸し自転車が一時間二銭だった。都電は別の路線にも乗れる乗換券もくれて七銭だった。帝大出のサラリーマンの月給が初任給四十円程度だった昭和十年頃の話だ。

鉄砲をかついだ中学生

中学は都立七中へ進んだ。現在の都立墨田川高校だ。学校のある同じ向島区内に住んでいた縁で幸田露伴が校歌を作詞している。一学年は全部で三百人、五十人のクラスがAからFまで六クラスあった。一年の一学期には級長をやった。

後でわかったのだが、入学試験の成績順にクラス編成はしたらしい。一番の成績の生徒がA組、二番がB組、三番がC組で六番はF組になり、次に反対に七番がF組に入れられるから十二番の生徒がA組になる。そうやって各組の学力を平均にし、各組のトップが級長を務める。私はA組の級長だったから、入学試験の成績は一番だったということになる。

入学して第一回目の試験で歴史の科目をいい加減にやっていたものだから、六十点をとってしまった。歴史の先生は西山先生といって良い先生だったが、その先生に「お前はなんでこんな成績なんだ」と注意された。無意識のうちに慢心が頭をもたげていたのかもしれない。大いに反省してこれではいけないと、それからは勉強して良い点をとった。代数の問題を解いているときなど、推理小説を読むようでおもしろかった。

中学に上がってからも、学校の授業以外では勉強はしなかった。当時の日本の家庭の照明は薄暗く、あんな暗いところで勉強ばかりしていたら近眼になってしまう。私は一年生のときから海軍兵学校に行くつもりだったから、体を鍛えないといけない。それで毎晩、家の近所の決まったコースを六キロほどマラソンしていた。

コースの途中にある交番の前を走ると、立ち番のお巡りさんから、決まって「お前は何をしている」と尋ねられた。体を鍛えるための運動だと答えると、「ほー」と感心していた。一年生から走っていたが、中学生がそんなことをしているのは珍しかったのだ。学校でも体育を一生懸命やって力をつけた。あの頃は全国規模の体力検定統一試験があり、私はかなり高い水準に認定された。日ごろの鍛錬のおかげで、体力はあった。

中学では剣道部に入っていて、学校対抗の対外試合にも参加した。剣道の団体戦は五人ずつで争う。最初に対戦するトップバッターが先鋒、以下次鋒、中堅、副将、大将の順に勝ち抜き戦で勝敗を争う。大将を務めるのは五年生だが、私は三年生のときにチームの真ん中の中堅を務めた。中学で私は二段をもらった。

もっとも、その後、海軍兵学校でも剣道はやっていたが、そのときの教官からは「お前の段位は四級だ」といわれてしまった。海軍の剣道というのは、このごろの剣道のような点取り制ではなく、たとえば「面」でもスパーンと相手の面上に深く入らないと「一本」と認められなかった。命のやりとりをする戦闘用の剣道だった。兵学校では一人対二人という訓練もあったが、一人で複数の敵と戦うのは、チャンバラや時代劇の映画のようなわけにはいかないものだ。

私が入学した昭和十五年には、中国との戦争は三年目に入っていた。北京郊外、盧溝橋での偶発的な日中両軍の衝突に端を発したこの戦争は、当初、北支事変と呼ばれていたが、やがて支那事変、日華事変と名を変えて呼ばれるようになっていた。

しかし、事変などという小規模な一地方の軍事衝突ではおさまらず、戦線は広い中国大陸に拡大して日本軍は都市や鉄道といった点と線を支配するだけで、泥沼にはまり込んでいった。戦争がいつ終わるか見通しは立たなかった。我が家のある清川町でも、青年が徴兵検査に合格して入営すると、そのたびに町内を挙げ、勇ましい壮行会が行なわれた。

昭和十六年十二月八日、日本がアメリカ太平洋艦隊の根拠地ハワイ真珠湾を攻撃して太平洋戦争が始まったとき、私は中学二年生だった。翌年、母と兄弟、姉妹は、戦争が激しくなり、東京も空襲を受けかねない雲行きとなったので、母の郷里の福山に疎開して行った。東京には父とすぐ下の弟、それに私の三人だけが残った。その弟も私が兵学校へ入学した後は母のもとへ行き、それからは父は一人暮らしになった。

私が中学に入学したころには、すでに一年生から教科に軍事教練が組み込まれていた。そのため各中学校には配属将校がいて、その指導の下に銃剣術、匍匐（ほふく）前進などをやらされた。世の中だけではなく、学校にも軍事色が漂い始めて来た。教練はほとんど木銃を使ったが、学校には本物の三八式小銃も一部備えられていた。年端のいかない低学年の生徒には背丈が三八銃の長さに満たない者もいた。

教練は週に数回あり、二年生になると富士の裾野、御殿場の陸軍演習場へ年に一回の演習に行く。一週間ほど泊まり込みで野外演習に参加するのだ。

配属将校の教官は馬に乗って行くのに、我々生徒は鉄砲をかついで駆け足だから、たまったものではない。演習場では敵味方に別れて散開し、実弾ではなく空砲を撃ち合ったり、夜は夜戦の演習があったりする。

ある年の演習で、霧にまかれて立ち往生したことがある。何人かで敵情を偵察して来いといわれて演習場へ出たところ、濃い霧が出て周りがなにも見えず、方向を失う危険があるので、その場に座り込んで霧の晴れるのを待った。たまたま通りかかった他の中学の隊と一緒になってやっと戻れた。

中学生がそんなことを当たり前と思ってやってきた。カーキ色一色のもう軍事色のつよい時代だったが、振り返って考えると、それなりの充実感はあったように思う。

最近ニートなる言葉をよく聞く。勉強もしない、仕事も何をしていいのかわからないような若者がいっぱいいる。中には車の中に練炭火鉢をもちこんで、集団で自殺する者もいる。今の時代の若者は、要するに人生の目的をうしなっている。というより、目標を持ち得ないのではないか。我々の時代には、評価は別として目標があった。その意味で気の毒な気がする。

私が海軍を目指したのも世界中を見られると思ったからだが、戦争に負けてしまったからそうはならなかった。

海軍兵学校への道

私が海軍兵学校へ進むことを考え始めたのは、中学校に入ってすぐだったように思う。海軍士官だった母方の伯父から、よく海軍について話は聞いていたから、その影響をうけたこともある。

あの当時、私たちの世代は、戦争を抜きにして人生や将来を考えることができなかった。現実の問題として旧制の高等学校へ進んでも、結局、兵隊にとられて戦争に行かなければならない。それなら最初から軍人を養成する学校へ行って将校になった方がいい。当時は軍人になろうというのは普通の職業選択だった。同じ中学校の同期で兵学校に進んだのは五人、陸軍士官学校へ行った者は一人いる。

私は兵学校を四年で受験した。陸軍士官学校も滑り止めのつもりで受けたが、どちらも合格した。試験は兵学校の方が早くてその年の六月、五日間にわたって行なわれた。試験場は府立一中だった。現在の日比谷高校だ。試験科目は国漢、歴史、数学、理科、物象、英語、それに口答試問で、それが約一週間かけて行なわれる。

海兵の選考方式はちょっと変わっていた。一日目は午前中に代数の試験があるだけだが、通知書には弁当を持参せよとの注意書きがあった。試験は午前中で終わるのになぜ弁当がいるのか不思議だったが、無事に終わると、「試験が終わったら弁当を食べて待っているように」との指示である。

食後しばらくすると、廊下に全員の受験番号が張り出され、やがて下士官がやって来て採点結果を見ながら、次々に番号を消していくのである。「線を引かれた番号の者は明日から来なくてよろしい」という。初日の代数の結果で受験生をふるい落としているのであった。私の番号は残っていた。

翌日の試験は幾何であった。この日も前日と同様に食事の後、下士官が残っている受験生の番号に線を引いていった。またここで相当数が落とされたわけだ。物理、化学が終わるころには、残っている番号の方がはるかに少なく、五十人中三人ほどしかいない。一日目は赤線一本、二日目は赤線二本、三日目は三本で名前が消されていくのである。さらに国語、英語の試験があり、最後まで残った者から合格者が絞り込まれる。

私は最後の組にも残っていたが、試験の出来に手応えはあったものの不安もあった。あとは最終通知を待つばかりだが、それから合格発表までが長い。

陸軍士官学校の試験場は皇居北の丸の近衛師団兵営だった。今の武道館のあるところだ。

私はポケットに手を入れたまま営門を通り過ぎようとしたところ、「おい、待て。どこへ行く」と居合わせた将校に呼び止められた。軍人になるために軍隊に試験を受けに来ているのに、ポケットに手を突っ込んだまま営門を通ろうとする態度はけしからんという。私は「私は軍人ではありません。ただの中学生で試験を受けに来ただけです」と抗議した。生意気盛りの中学生だった。

後から考えると、兵学校の試験は全力投球で臨み、結果についてはそれなりに自信もあった。そのため陸軍士官学校の方は冷やかしで行こうという気持ちが自然に態度に現われていたのだと思う。それを将校に見とがめられたのであった。

長々と説教をされたあげくに放免されたが、試験の前からすっかりいやになっていた。おもしろくなかった。数学の試験時間は三時間あったが、問題を解きながらもやる気が湧いてこない。二時間たったところで手を挙げて答案を提出すると、試験場を出てしまった。

最後は口頭試問である。試験官から「君は海軍も受けているが、両方に受かったらどうするのか」と質問されたので、私は得たりとばかりに先ほどの体験を語り、「陸軍はいやになったから、海軍に行きます」と答えた。これで士官学校は落ちるだろうと考えた。

その頃の中学生は軍人志望が多く、海軍と陸軍の二股をかける受験生も多かった。しかし、両方に合格した者の多くは海軍兵学校を選んだものだった。中学生の間でも、海軍の人気は高かった。カーキ色の陸軍の軍服に比べ、兵学校の腰に短剣を釣った制服はいかにもスマートだったし、軍事教練で味わわされた行軍のつらさから、行軍が仕事のような陸軍が若者に敬遠されていたこともあった。

合格通知は陸軍の方が早かった。戦前、十一月三日は明治節で、学校では明治天皇をしのぶ式典が行なわれた。その朝、学校に出かけるところに陸軍省から電報がきた。急いで電文を読むと、陸軍大臣東条英機の名前で、陸軍士官学校に合格したという通知であった。

あれだけ言いたいことを言ってきただけに意外な気がしたが、それよりも気が重い感じが強かった。「このまま海軍から合格通知がこなかったらどうしよう。士官学校へ行くしかないのか」。学校で式典に参列している間も、そんなことを考え続けていた。

ちょうど式が終わったところに、家から電話が入っているとの知らせが届いた。電話の相手は父だった。「海軍から合格通知がきたよ」。普段は感情を表に出さない父の声が、珍しく弾(はず)んでいるように感じられた。この一言を聞いて重い気分がすっかり消え去った。あこがれの海軍兵学校に行ける。陸軍省にはさっそく辞退届けを郵送した。

昭和十八年の秋といえば、ソロモン群島、ニューギニアで米軍の反攻はますます熾烈(しれつ)になり、中部太平洋の孤島からは日本軍守備隊の玉砕の報が相次いで届き始めた頃である。この年四月には連合艦隊司令長官の山本五十六大将が、ソロモン方面の戦線視察中に戦死。五月末にはアリューシャン列島のアッツ島守備隊が全滅した。十一月に入ると米軍は中部太平洋のマキン、タラワ両島を占領、米海軍の矛先はマーシャル群島に及んできた。

戦況が楽観できないことは、学生の身でもひしひしと感じられた。国内の物資も目に見えて乏しくなってきた。そんな時期に軍人を養成する学校へ進む私を、父や母はどう見ていたか。両親は何もいわなかったが、難関を突破した息子を誇りに思う気持ちと身を案じる気持ちが半ばしていたのではなかっただろうか。

井上成美校長の訓示

この年昭和十八年に入学した海兵七十五期生は三千四百九十九人であった。この期の生徒数は日本が戦争に突入する前、つまり平時の十倍以上という多さだ。この時の一号、つまり七十三期生でさえ九百人余りである。私より十期先輩は海兵の六十五期だが、その六十五期は二百人、それまでの百三十人が一挙に膨れ上がったものだった。

そのため、入校時に六十二期の一号生徒から「お前たちはくずの集まりだ」とこき下ろされたという。それが戦争に突入してからの十年間で、さらに十五倍に増えたのであった。

戦局の逼迫（ひっぱく）はここにも現われている。戦前は四年間の教育期間をへて、卒業すると海軍士官に任官したのだが、この頃の教育期間は三年間に短縮されていた。入学が十二月だったのもそのためだった。我々の七十五期は終戦の年に最終学年の一号生徒だったから卒業はせず、そのため戦場に出ることも軍艦に乗ることもなく生き残った。人間のめぐり合わせは何が幸いするかわからない。

ともあれ、あこがれの海軍兵学校へ行けることになった。瀬戸内海にあるのだから暖かい所だと思っていたが、寒さには閉口した。

入校式は十二月一日だが、その一週間前に江田島に集合しなければならない。入校前の最後の身体検査があるためだが、まだ構内には入れてもらえず、倶楽部といわれた江田島の民家に分隊ごとに分宿させられた。私の分隊からも肺に影が見つかって帰郷させられる学生がでた。ここまで来て最後の検査で入校が許されないとはたまらない心境だろうが、涙を呑んで引き返すしかなかった。

検査が終わると身に着けてきたものはすべて脱がされ、私物はまとめて実家に送り返してしまい、海軍から制服など衣類が支給された。下着はパンツではなくふんどしである。その上に制服を着込み、腰に短剣を下げると、さすがに身の引き締まる思いがした。ついに兵学校生徒になった感激が胸に突き上げてきた。

十二月一日、兵学校校庭で入校式が行なわれた。演壇の千代田艦橋前に整列した七十五期生徒を前にして、井上成美校長の訓示があった。

「諸氏、本日茲(ここ)ニ海軍兵学校生徒ヲ命ゼラレ光輝アル歴史ト伝統トヲ有スル帝国海軍軍人トシテノ第一歩ヲ印ス。諸氏ノ本懐察スルニ餘アリ今ヤ生徒トシテノ修練ヲ開始セントスルニ當リ一言以テ諸氏ノ向フベキトコロヲ示サントス。

一、現下皇国ノ興廃ヲ賭スル大戦ハ正ニ酣（たけなわ）ニシテ「一億国民悉（ことごと）ク戦闘配置ヘ」ノ声ヲ聞クノ秋（とき）、諸氏ハ全国多数ノ青年中ヨリ選バレテソノ光栄アル戦闘配置ニ就クヲ得タリ。諸氏ハ実ニ此ノ極メテ重要ナル配置ニ於テ本日ヨリ戦闘に参加スルモノナリ。

訓育トイヒ学術教育トイヒ諸氏ノ本校ニ於ケル学習ハ是レ皆戦闘ニ外ナラザルナリ。今ヤ諸氏ノ一挙手一投足ハ断ジテ諸氏ノ一身上ノ問題ニ止マラズ。況（いわ）ンヤ出世栄達ノ為ニ非ズ。名聞名利ノ為ニズ。今日以後諸氏ハ全身全霊以テ国家ニ奉仕スベキモノナルコトヲ銘記スベシ。

海軍兵学校入学当時（16歳）

二、自啓自発ハ、最良ノ学習法ナリ。学術訓練ニ臨ムニ際シテハ「教ヘラルルガ故ニ学ビ命ゼラルルガ故ニ為ス」ノ消極的態度ヲ執ルコトナク須（すべか）ラク常ニ「学バント欲スルガ故ニ教ヲ乞フ」ノ積極的態度ヲ以テ終始一貫敢為進取学習ニ精励スベシ。

三、諸氏ノ本校ニ於テ学ブベキ学術訓練ハ極メテ多岐多端ニ亘ルト雖モ是レ何レモ初級将校タルノ素養トシテ必須欠クベカラザルモノナリ。サレバ断ジテ自己ノ好悪ニ因リテ勤怠ノ差ヲ生ゼシムルガ如キコトアルベカラズ。而シテ学習ハ徹底ヲ期シ遂ニ活用自在達人ノ域ニ達スルヲ要ス。知ルハ習フノ第一歩ナリト雖モタダ単ニ知ルヲ以テ事足レリト為スガ如キハ剣法ヲ心得ズシテ銘刀ヲ帯ブルニ等シキモノナルコトヲ悟ルベシ。

諸氏、克ク右ノ三条ノ意義ヲ銘肝シ常ニ陣中ニ在ルノ覚悟ヲ持シ教官監事並ニ上級生徒ノ指導ニ順ヒ一意専心生徒ノ本分ニ精進スベシ」

簡潔でわかりやすく、しかも格調の高い訓示だった。私たちはこの訓示を厳粛な気持ちで聞いた。

井上成美中将は第四艦隊司令長官を務めたあと海軍兵学校校長として、この時期、兵学校生徒の教育に当たっていたが、私たちが入校した翌年八月、海軍大臣の米内光政大将に請われて、終戦の道をさぐる意図をもって海軍次官に就任した。

中将は初めからこの戦争は負けるものと考えていた。そういうことを当時は知らなかったが、後から振り返ると思い当たることがあった。井上校長はこの当時一般の中学や高校では廃止されてしまった語学教育を、海軍省の要求をはねのけて守り通し、基礎的な学問に力をいれていた。

娑婆の学校では授業などそっちのけで勤労動員などに駆り出されていたあの当時、我々は勉強に専念できたため、戦後、大学入試にも困ることがなかった。語学の授業など終戦の日まできちんとやられていたものだ。あのころ勉強ができたのは井上中将のおかげだと今も感謝の気持ちを持っている。作家の阿川弘之氏の「井上成美」を、私は繰り返し何度も読んだ。私の愛読書だ。

その「井上成美」には、井上校長が打ち出した教育方針の概略について、次のように書かれている。要約すれば、

――自分が目ざしたのは兵隊作りではない、生徒をまずジェントルマンに育て上げようとしたのだということであった。ジェントルマンの教養と自恃（じじ）の精神を身につけた人間なら、戦場へ出て戦士としても必ず立派な働きをする。だから基礎教育に不可欠な普通学の時間を削減してはいかん。減らすなら軍事学の時間の方を減らせ。英語の廃止なぞ絶対認めない。

江田島伝統の教育目標は、二十年、三十年の将来、大木に成長すべき人材のポテンシャルを持たしむるに在って、目先の実務に使ふ丁稚を養成するのではない。戦争へ行って今すぐ役に立つ人間ばかり欲しいなら、海軍砲術学校、海軍水雷学校、海軍潜水学校等所謂（いわゆる）術科学校だけ残して、兵学校そのものは廃止すべきである。俗耳に入り易い似非（えせ）愛国者どもの言に惑はされて、本来の道を見誤ってはならない。教室でいくさの話はするな。生徒

をもっと遊ばせろ。彼らの生活に笑ひとゆとりと、のびのびしたリズムを与えてやれ――。一応全部承知していることだったが、「質問があります」と、私は井上の話を遮った。

「それら一連の思ひ切った措置は、あらかじめ敗戦の日本といふものをお考えになった上でとられたのでせうか」

いや、当時そこまで考えていた訳ではないという返事を予想した私に、

「むろんそうです」

井上はきつい口調で答へた。――

井上校長については、ひとつだけ思い出がある。あるとき我々三号生徒が整列しているところに井上校長が近づいてきて、ふだんは接する機会がほとんどない校長から声をかけられた。

「石井生徒、しっかりやっているか」

生徒は胸に名札をつけているが、その名札の名前を見て声をかけられたのだ。

私は「ハイ」と答えただけで緊張のあまり言葉が続かず、体を固くして立っているだけだった。そのときピカリと光った眼光の鋭さに縮みあがる思いだった。眼光炯々(けいけい)、人に畏怖される井上校長だったが、風邪で休んでいる生徒の体調を気遣って、ひそかに教官に尋ねるなどのやさしい面をもっていた。

入校行事がすべて終わって私たち新三号生徒は、分隊監事の教官に引率されて一号、二

号の上級生が待つそれぞれの分隊の自習室に連れて行かれた。私が配属されたのはエ三〇一分隊だった。江田島らしさの最初の洗礼は、そこで行なわれる姓名申告だった。出身地と卒業学校、姓名を名乗るのだが、それが尋常ではない。

「貴様ら三号は、本日光輝ある兵学校生徒を命ぜられた。欣快（きんかい）にたえない。名誉あるエ三〇一分隊に編入され、俺たち一号、二号生徒と兄弟の契りを結ぶことになった。ただいまより姓名申告を行なう。最初に一号生徒が、次いで二号生徒が模範を示す。耳の穴をほじってよく聞け」

伍長の一号生徒のこのようなあいさつに続いて、上級生がそれぞれ大声で貫禄のある姓名申告を行なった後、三号生徒の番だ。

「貴様らは全国より選ばれた優秀な生徒であることを確信する。一号、二号の模範にならい、出身中学校名、姓名を元気一杯申告せよ。〇〇生徒より、かかれ」

こうして三号が姓名申告を始めると、それが終わるか終わらないうちに、一号生徒が手にした木刀や竹刀、指揮棒を振って怒鳴り始める。

「聞こえん、蚊のなくような声で何ができるか。やりなおし」

誰が何をいっているのかさっぱりわからない。再三やり直しをさせられて改めて大声で姓名を名乗り、やっと放免されて次の生徒に移るのである。

東北や九州など方言のきつい地方の出身者は気の毒だった。中には十回以上やらされた者もあった。兵学校名物のこの姓名申告については、入校前に先輩から教えられて知ってはいたが、聞きしにまさる厳しさではあった。

この意味は、生徒である自覚をもたせ、その立場を認識させる反面、入校した安堵感や幸福感、自己満足、うぬぼれなどを完全に奪い去るためのものであった。先輩のある兵学校出身者は、その思い出をつづった私家版の著書の中でそう書いている。

江田島での生活は、すべてが縦割りに編成された分隊を単位にして行なわれる。上下関係の中で上級生が下級生を自主的に指導して、集団の規律を守り、教育効果を挙げることが考えられていた。上級生たちは最初は皆、親切だった。校内での規則や生活の仕方など懇切丁寧に教えてくれるのである。入校した日の夕食には、鯛の尾頭付きに寿司などのご馳走が並んだ。一週間ほどは、気味が悪いほどやさしかった。

ところが、それから風向きが一変した。小さな失敗でも許されず、「言い訳をするな、ぼやぼやするな」で、何かというと殴られる。それも拳骨でだ。しかも他人の失敗でも連帯責任だとして一緒に殴られるのだから、たまったものではない。

これも単なる鉄拳による制裁ではなく、「修正」と呼ばれていたから、教育的指導の一環ということだ。江田島の思い出というと、この修正が真っ先に頭に浮かぶ。

連帯責任といえば、同期生の誰かに失敗でもあると、一周四百メートルある練兵場のトラックを、分隊の同期生全員が砲弾をかかえて駆け足させられたものだ。

江田島での日々

一日の生活は朝六時の起床ラッパで始まる。起床して直ちにベッドを整理して顔を洗うのだが、洗面器に水をためて顔を洗うのではない。衛生上の配慮から水道の水を流しっぱなしにして、蛇口から流れる水で手早く洗う。その後、分隊ごとに二十分間体操をしてから朝食をとる。朝はパン食で、私たちは毎日食パンを一斤食べていた。

生徒の食事は米のご飯なら一食が二合、食べ盛りの年頃であったが、訓練では体を使ったからよく食べられたものだ。今なら老妻と二人で一食が一合あれば足りるのだが。

体操の後、朝食が終わると午前中は教室で座学の課業である。物理、化学、数学など理数系の学科が多く、歴史、国語、修身、英語は英英辞典を使うもので週に二時間あった。学科は娑婆の中学校と同じようなものだったが、軍艦を動かして大砲を放ち、飛行機を操縦する海軍士官を養成するのだから、数学、物理などが重視されたのは当然であろう。

午後は柔剣道、体操、漕艇、射撃、教練、夏は水泳などの訓育がある。夕方、分隊に戻って夕食のあとは自習という日課だった。

我々が入校したころ、すでに戦況は不利に傾いていた。そのため海軍省では、早く専門の軍事学を叩き込んで戦線に送れという方針だったが、井上校長はこれに断固反対した。「生徒に鉄砲を撃つだけを教えたのでは、戦争が終わったら彼らは路頭に迷う。だから基礎学を減らしてはならない」と基礎的な学問教育を守ったのであった。そのため午前中は座学、午後は訓練という生活は最後まで守られた。

勉学は厳しく、一年で何人かは落第した。だから、進級決定の翌日から、落第生は昨日までの同期生から「おい、三号」と呼び捨てにされる。

課業の程度はいずれも高く、数学では球面数学などもやった。中でも大変なのは通信だった。モールス信号や発光信号を間違いなく早くとらなければならない。通信は手旗に始まってモールス信号を打ち、受ける、発光信号を読むなどいろいろある。私はこれが得意で、通信の競技大会で優勝したことがある。

一号に進級すると、艦船と航空に志望が分けられる。私はいろいろな適性検査の後に航空を志望した。航空では通信が特に重要で、飛行機を操縦しながら鉄砲を撃ち、通信もしなければならない。江田島では操縦の実技訓練はなかったが、学科は全部やらされた。卒業してから霞ヶ浦の航空学校で一年間訓練を受けるのだが、そこまでいかないうちに戦争は終わってしまった。

同じ海軍の学校でも機関学校は舞鶴の街中にあったし、経理学校は東京の築地だ。ところが、江田島は島だからどこにも行きようがない、だから、娯楽も兵学校の裏にそびえる古鷹山に登るくらいで、体を鍛えるばかりだ。

在学中に一度だけ夏休みに帰省した。昭和十九年の夏だった。真っ白な夏用制服の腰に短剣を吊った兵学校生徒は、そのスマートさから女学生の憧れの的とされていたが、私が帰省した頃は、もう街で女学生を見かけることもなかった。みんな勤労動員されて工場などで働かせられていたのだった。

海軍兵学校の教育、というより私が入校した当時の校長だった井上成美中将の方針というのは、軍人である前にまず紳士であれということだ。要は礼儀正しくあれ、エチケットが守れない奴は海軍士官たる資格はないということだ。

海軍兵学校の同期と（２年生）。右が著者

軍艦に乗って外国へ行く機会が多い海軍だから、会食の際に洋食のテーブルマナーも教えられた。だからといって、そんな軟弱なことばかりを教えられていたわけではもちろんない。

兵学校は海軍士官を養成する学校であることはこの章の冒頭にも書いたが、そのため、学科や実技のほかあらゆる機会に叩き込まれたのは、統率力と責任感を植え付ける教育であった。分隊では何事も同期生の連帯責任とする考え方もそうだし、「修正」もそのため行なわれていたものらしい。こうした兵学校での体験は、その後の人生にずいぶん役立っていると感謝している。

私たちが入学したのは、ミッドウェー海戦で負け、ガダルカナル、ニューギニアで退却を強いられ、戦争が負け戦に転じてからである。日本にとって戦況が良くないことも、兵学校の先輩が大勢戦死していることも知っていた。昭和十九年三月に繰り上げ卒業していった七十三期生は、戦時下とて恒例の遠洋航海もなく、直ちに前線の部隊や艦船に配属され、その中から戦死の報も伝わってきた。

江田島には、孤立したラバウルから墜落した飛行機の部品を寄せ集めて作った飛行機に乗って海軍少佐が飛んできて、戦況を報告していったこともあった。

敗戦の少し前には、江田島も連続して空襲を受けた。兵学校正面の入り江、江田内には重巡洋艦の「利根」「大淀」の二隻が避泊していたが、それを爆撃に来るのだ。一方的に爆撃を受け、ドカン、ドカンとやられているうちに、二隻とも横転、着底してしまった。兵学校にある教材用の高角砲や機銃なども、すべて実戦配備にあてられた。

広島に原爆が落ちたとき、私は本校の北二キロほどのところに造られた大原分校にいた。

二号生徒までは本校の赤レンガの生徒館にいたが、一号生徒になって私たちの一部は大原分校に移っていた。

その日の朝は晴れていた。木造の校舎で講義を受けていた私は、窓ごしに何となく海を見ていた。すると、突然、閃光（せんこう）が海上を走って行き、しばらくすると地震のような地鳴りが響いてきて、同時に三階建ての木造校舎がゆさゆさと大きく揺れ始めた。

それから広島の上空に水蒸気の雲が立ち上った。その雲は午後になると高空にまで伸びて、頂上がきのこの傘を大きく広げたように横に広がって、暗くなるまで消えなかった。

夜になると、広島の方角の空が真っ赤に燃えているのが遠望できた。「あれが噂されていた原爆かもしれない」と、そのとき思った。兵学校生徒でもそのくらいは知っていた。

これで戦争は終わるかなと思っていたが、授業はその後も普段どおりに行なわれていた。

十八歳の将校

八月十五日についてはよく覚えている。六日に広島に原爆が落とされ、九日には長崎にも落ちたという情報が入って、「これはあかんな」と思っていたが、最後の日まで普段通り課業はやっていた。八月十五日、終戦を告げる天皇のラジオ放送は、生徒全員が校庭に集められて聞いた。その後で海軍大臣の使いが東京から飛行機で飛んできて、改めて終戦の詔勅（しょうちょく）が出て戦争は終わったことを伝達された。戦争が終わってしまったので、その日の午後の実技訓練は中止になった。

命じられるまま身辺の整理をし、何もすることなく夕飯を食べた。夜になって、江田島の別の地区にいた朝鮮からの徴用工が騒ぎ出すのではないかと警戒を厳重にしたが、その夜は何事もなく明けた。

翌日からは書類を集めて焼却、敵に引き渡すための武器を整理するなどの後始末に日を過ごした。陸軍のように徹底抗戦するなどという者は海軍では厚木航空隊くらいで、我々は学生であっても、与えられた務めは全部果たしたという思いがあった。

生徒には帰省が許されたので、八月二十日、家族が疎開している母の実家の福山に帰ることにした。一人で暮らしている父親も気になったが、三月九日から十日にかけての空襲で浅草の家は焼け、もう一軒の家作も五月の空襲で焼けてしまった。東京は焼け野原になっていたから、帰ってもどうしようもない。それに、福山はすぐ近くだ。

学校の貯蔵物資は何でも持って帰ってよいということだったので、食料、毛布などできるだけ持っていくことにした。敗戦直後の世の中では食べ物はおろか、あらゆるものが不足していたからである。広島の街は壊滅しているので、福山へ行くにはまず呉へ連絡船で渡り、そこから呉線で三原へ、さらに山陽本線に乗り継いで福山まで出る。しかし、私は考え直してこのルートをとることをやめた。海から行こうと思ったのである。

江田島には漕艇訓練用のカッターがたくさんあるが、それをもらおうと思った。分隊監事の教官に趣旨を話し、「短艇を一隻もらってもよろしいでしょうか」というと、意外にもあっさりと「よろしい」という返事だ。そこで「広島に帰るやつは乗れ」と周囲に号令をかけたら、二号、三号の下級生が十二人、手を挙げて乗り込んできた。このあたりは一号生徒の貫禄だ。下級生もどうしてよいかわからず不安だったのだろう。

「食料を積めるだけ積め」。私の命令に、彼らは酒保などを走り回り、水、カンパン、コンビーフの缶詰などをいっぱい積み込んだ。「それでは出発、全員そろって漕げ」。艇尾座に立った私の大声に応えて、十二本のオールがゆっくりと水をかき始め、カッターは江田島の岸壁を離れた。

そこまではよかった。下級生、とりわけ入校して日も浅い三号生徒は漕艇訓練もろくにしていないものだから、オールはそろわずカッターに行き足がつかない。帆を揚げたが、その日は天気はよかったが風もないので、一向に前に進まず、なかなか江田内の湾を出て行けないのだ。やっとのことで湾外に出たが、それからは潮の流れに逆らって進むので、さらに面倒なことになった。時間ばかりが過ぎていく。

真夏の太陽に焼かれながら、それでもじりじりと東をさして漕ぎ進み、呉軍港を左手に見て音戸の瀬戸へかかった。ここは平清盛が切り開かせて運河にしたという水道で、潮流が激しい。声を励まして短艇を漕がせるのだが、逆潮に流されていくら漕いでもさっぱり進まない。運の悪いことに、ここでも風は吹いてくれない。下級生に必死にオールを漕がせてやっと乗り切ったときは、やれやれという思いだった。

　この海域には米軍が浮遊機雷をたくさん落としているので、危ないことこの上ない。見張りを立て、カッターは波まかせで漂わせることにし、牛肉の缶詰を開け、カンパンで飢えをしのいだ。

　一日目は無風であった。これではカッターはほとんど進まない。翌日も風はなく、強い日射しで暑くてたまらない。みんな疲労困憊（こんぱい）してカッターにへたりこんでいるところに、折よく五千トンほどの貨物船が通りかかった。我々のカッターには艫（とも）に軍艦旗を掲げているから、小なりといえども海軍艦艇の一つだ。

　私は手旗を振って停船を命じ、「ロープを流せ」と信号した。やがて貨物船は近づいてきて、曳航（えいこう）してくれることになった。引っ張ってもらって一安心した。しばらくすると貨物船から信号が来て、「本船、進路変更す」。仕方がないからロープを放した。

　またしばらくしたら、今度は親子で操縦するダルマ船がやって来るではないか。

「オーイ」

「なんだ」

「コンビーフのでかい缶詰をひとつやるから、鞆（とも）の浦まで牽（ひ）いていかないか」

「いいよ」

こんなやり取りの末、曳航してもらうことになった。モノ不足だから、コンビーフひとつで喜んでやってくれる。そんなことで、海上で二晩を過ごした末、三日目の夕方に鞆の浦の港に着いた。

鞆の浦は瀬戸内海のほぼ中央に位置する港町である。付近の海域で潮の流れが変わることから、昔は潮待ち、風待ちの港として繁盛した。なぜ、ここに着いたかというと、乗っている仲間のなかに、鞆の浦の旅館の息子がいたので、とりあえずそこへ行こうということになったのだ。

上陸して荷物をすべて旅館に集めた。その夜は、持ってきた二俵のコメの一部を提供し、それを炊いてもらって飯を食った。そしてフロに入ってゆっくり休んだおかげで、すっかり疲れもとれた。

旅館の息子はそのまま残り、ほかの者はそれぞれの目的地に向かって出発することになった。その前に、町長を呼んでカッターを預かってもらうことにした。戦争に敗れ、兵学校は閉鎖されたとはいえ、カッターといえども兵器であり、国のものである。

鞆の浦から福山までは、相当、距離がある。鞆鉄道というローカル線があったが、すでに廃線になっていた。旅館の主によると、

「近くに陸軍の監視所がある。そこにトラックがあるよ。同じ軍隊仲間だから貸してくれ

るのではないか」

　翌日、私は陸軍の監視所に乗り込んだ。

「われわれは兵学校の者だ。福山へ行きたいのだが、トラックを貸してもらえないだろうか」

　監視所からは、旅館のおやじと、年恰好が同じくらいの男がでてきた。聞くと、伍長だという。まだ、敗戦の日からそう時間が経過していないから、戦争の気分が残っている。こちらは兵学校の生徒だから、年齢は十八歳と若いが、それでも将校である。位がものをいうことに変わりがない。はじめは渋っていたが、

「分かりました、どうぞ使ってください。そのかわり相乗りでどうですか」

「うむ、いいだろう」

　こんなわけで、全員トラックに乗り込み、荷物を満載して福山まで出た。ここでも町は終戦直前の空襲で焼かれていたが、国鉄の福山駅だけが以前のまま残っていた。駅裏に着くと荷物を降ろし、駅前に全員を整列させて解散式をした。

「いよいよ別れのときがきた。ここからは各自で目的地に帰ってもらいたい。日本は不幸にして戦争には敗れたが、国が滅んでしまったわけではない。それぞれが日本の復興に尽くすように。では、解散」

　こう訓示し、敬礼をして別れた。私は十八歳になったばかりであった。

第二章——廃墟の中の出発

焦土に佇む

昭和二十年八月、戦争は終わった。中国との全面戦争突入から数えれば八年、連合国を相手にして三年八ヵ月という長い戦争であった。厚生省の資料などによるこの戦争の人的損害は、朝鮮、台湾人を含む軍人軍属二百三十万人、民間人の戦災死没者五十万人、外地での死没者が約三十万人であった。

広島、長崎に落とされた原爆では二十万人を超える人々が命を奪われ、東京の空襲では十万人近い人々が、その他六十三の都市で八万六千人以上の民間人が米軍の無差別爆撃の犠牲となった。焼夷弾による絨毯（じゅうたん）爆撃で、これらの都市は焦土と化した。

原爆で一瞬の間に壊滅した広島はもちろん、復員した福山の街も例外ではなかった。上京の折に見た東海道線沿線の町々も同じで、すべてみごとな焼け野原となっていた。戦場となった中国や東南アジアの各地でも千数百万人が命を落とし、戦争は大きな惨禍をもたらしたのであった。

昭和二十年九月、私は単身上京した。敗戦直後の交通機関は復旧も進まず、加えて復員や買出しの人々でどの列車も溢れかえっていた。長距離列車の切符を手に入れるのも容易ではないが、特別復員証明書をもっていたので、指定の二等車などは無理だったが、とにかく乗ることはできた。神戸、大阪や名古屋など山陽、東海道線沿線の大都市は、どこも一面の瓦礫（がれき）の原と化し、車窓から見る街に目だった建物は残っていなかった。

疲れ果てながらも、何とか東京駅に降り立った。駅付近は丸ビル、中央郵便局などのコンクリート建築は残っていたが、八重洲口から下町方面は広々とした焼け野原となっていた。私はその光景を前にして、呆然と立ちつくしていた。言葉もなかった。日本橋界隈で目立つのは日銀本館と三越デパートなどのビル群くらいのものだった。空襲のすさまじさが焼け跡に立っただけでも実感できた。

それでも都電だけは動いていたので、浅草方面へ向かう停留所の方角へ歩いていった。停留所の前は旧丸の内ホテルだった。路面より一段高い島のようになった電停に立って電車を待っていると、街路にまでいい匂いが漂ってくる。「ビフテキの匂いだ」。私は生唾をのみこんだ。ホテルの玄関には星条旗が掲げられていた。ホテルは接収され、米軍将校の宿舎になっていたのである。

「日本は戦争に負けたのだ」

ビフテキの匂いをかいだ瞬間、私はそう実感した。敗北を思い知らされたのである。日本人がぼろをまとってすきっ腹をかかえて食物探しに血眼になっているとき、占領軍の将兵は、昼日中からこんな贅沢なものを食べている。それどころか、米軍は日常的にこんな贅沢なものを食いながら戦争をしていたのだ。

日本はそんな相手と三年以上も戦ってきたのだが、元々勝てる戦争ではなかった。そのような戦争をしたことが大きな間違いだったように思った。

東京に出て初めて、私は戦争に負けたことを「体感」として理解したが、くやしさのような思いはなかった。敗戦の知らせは江田島で聞き、家族の疎開先の田舎にいたときには、アメリカ兵に会うこともなかった。焼け跡の街を我が物顔に闊歩する米兵の姿も見たことはなかったから、敗戦の実感がなかったのである。

浅草の生家は、昭和二十年三月十日の東京大空襲で下町一帯が灰燼に帰したとき、焼け落ちた。この空襲では、荒川の西側、現在の台東、墨田、江東、中央区のほぼ全域と千代田区の一部が焼夷弾攻撃によって焼き尽くされた。父はその焼け跡に掘立て小屋を建てて生活していた。同じ浅草区内に持っていた家作も、五月の空襲で焼けてしまっていた。

そんな焼け野原の東京だったが、都電はどの路線も復旧して走っていた。東京駅前から都電で浅草雷門前まで行き、停留所からかつて大勢の家族で暮らした家の跡へ向かった。

　このあたりでは焼け残った建物は六区の映画館くらいで、そのほかは浅草寺も仲見世も雷門も、きれいさっぱりと焼けていた。このあたりでは大きな建物だった浅草松屋は、外見こそ変わりなさそうだったが、内部は完全に焼け落ちていた。

　道路だけは以前と同じで変わりなく迷うこともなかったが、両側の町屋だったところは瓦礫の原で、かつての住宅や商店の跡地にはどこから集めてきたのか、古材や焼けトタンで屋根をかけた半地下の掘立て小屋が建てられていた。父の掘立て小屋も同じようなものであった。

　久し振りに再会した父は、私が兵学校へ入学するため東京を離れてから一年九ヵ月たっていたが、その頃と比べてひどくやつれてみえた。戦時下で警察官という職務を遂行する責任感と緊張が体を蝕（むしば）んでいたのかもしれない。食糧事情は悪く、食生活は貧しいものだったようだ。江田島で少なくともひもじい思いをしたことがない私は、そんな父を見てすまない気持ちになった。

　もともと酒好きだった父は、一人暮らしの寂しさをまぎらすために、深酒をするようになっていた。酒量は増えて行ったようだ。戦争も末期になるとまともな酒は手に入らなくなり、そのため工業用アルコールにまで手を出すようになった。心労と質の悪いアルコールのせいで戦後は胃潰瘍になり、昭和二十六年、五十五歳という若さで亡くなった。

いつも感情を表に現わすことの少ない穏やかな父だったが、そのとき、焼け跡のバラックに帰った私の顔を見て、何ともいえない笑顔をうかべたのを今もはっきり覚えている。私はもちろんそうだったが、父も嬉しかったのだと思う。焼け野原に建てたバラックで、私は父としばらく一緒に暮らすことになった。母親が兄弟たちと共に疎開先から帰ってきたのは昭和二十五年ころだった。

米軍将校に頼まれた闇屋

母たちが疎開している福山の母の実家も農家だったが、傍ら馬の売買をしていた。なにがしか田畑や山林を持ってもいた。戦前、娘二人を女学校に、男の子を兵学校へ進ませたのだから、土地では豊かな家のほうだった。しかしそのような家でも、戦後の食糧難に苦労させられた。

私が復員したとき、母は少しでも食料を増やそうと山で開墾を始めていた。気丈な母だったが、慣れない肉体労働は体にこたえるようだった。私は母に代わって鍬を握り、開墾を手伝ったが、三日間でやめてしまった。兵学校では鍛えこんでいたつもりだったが、慣れない労働に腰を痛めてしまったのだ。

百姓仕事はやめ、私は疎開先でしばらくぶらぶらしながら日を送っていた。ある日、ラジオを聞いていると、「兵学校生徒は所在の市町村役場に出頭すること」という告知があった。その知らせは新聞にも掲載された。

その指示通りに福山市役所に出頭したのは、敗戦から一ヵ月余りたった九月二十日頃であった。市役所の一室に復員事務を担当する部署が設けられ、海軍からも係官が出張していた。その職員がねぎらいの言葉をかけてくれた。

「長い間ご苦労さんだった。諸君の在籍した兵学校は学業なかばで閉鎖され、まことに気の毒なことである。現在、一般の大学で学生を募集しているところを表にしてある。進学しようと考えている者は、それを参考にしてもらいたい。志望する大学が決まっているならば、詳細は個別に説明する。最後になったが、退職金として五千円を支給する」

係員はこのように説明してくれた。終戦直後の混乱を極めていた時期だというのに、行政機関がしっかり機能していることに私は感心した。当時五千円といえば大金であった。「この金を元にして大学へ入って勉強をしなおそう」。私はそう決心して、母や弟妹たちに別れを告げて上京したのであった。しかし、退職金としてもらった金は激しいインフレの中で間もなく使い果たしてしまった。何しろ南京豆が一合枡一杯五円していたものが、あっという間に十円になり、二十円、三十円になり、数日で百円になってしまうというご時世だった。

一足早く東京へ戻ってきたのは、大学へ進学することが大きな目的であった。ところが、翌年の入学試験のためにいろいろ調べてみると、中学四年で中退した者は学齢に達していないので、一年間待機しなければならないという。文部大臣通達でそのように決められているというのである。確かに私は中学校を四年で中退して兵学校にいったのだったが、年齢には達しているはずだ。おかしなことではあったが、大学へ進学するには再来年、つまり昭和二十二年まで待たなければならないということであった。

しかし、昭和二十二年の試験を私は受けなかった。戦争には負けてしまい、仕事もなく、その当時は何をしたらいいのかわからなかった。兵学校の同期生の中には、外地から元兵士や邦人引揚げ者を運ぶ引揚げ船に乗務していた者もずいぶんいたが、引揚げ事業が終わると自衛隊に入隊した者も多い。

海軍兵学校で我々七十五期の同期生というのは、戦後別れてそれぞれの道に進み、多くは大学へ入り直した。進んだ道は右から左まで幅広く、企業経営者になった者も多いが、共産党の代議士になった者もいれば教師になった者もいる。しかし、海軍でいろいろ学んだことは皆、基本的には忘れていなかったと思う。

私は初め医者になろうと思って医学部を受験することを考えたが、受験に必要なドイツ語は勉強していなかったのですぐにあきらめた。その二年間は遊んでいたわけだが、友人と大学の情報を集めたりはしたものの、とりたてて受験勉強をしたという記憶もない。仕だった。
事をして大学へ行く学資を貯めようと思っていたが、たまたま手をつけた仕事は「闇屋」

東京の主要な駅前の広場には、たいてい闇市が立って大変な賑わいであった。上野公園や駅に続く地下道には親を失った孤児たちが群れ、焼け跡の街には進駐軍の持ち込んだジャズと「りんごの歌」が流れていた。私が上京した頃には、人々はたくましく生活し始めていた。私はそんな街を暇に任せて歩き回っていた。焼け残った六区の映画館で戦後初めて観た映画は、大河内伝次郎主演の「大菩薩峠」だった。

ものすごい勢いでインフレは進む上に、疎開先の家族に仕送りもしなければならず、警視庁勤務の父親の給料では生活は楽ではなかった。私も何もしないで大学入学を待っているわけにはいかない。父を助けるために何かしなければならないとは思うのだが、あせったところで、すぐ仕事が見つかるものでもない。

ある日、いつものように浅草の盛り場をぶらぶら歩いていると、ジープが止まって乗っていた米軍将校に道を聞かれた。聖路加病院へ行きたいというのである。その将校は誰に聞いてもちんぷんかんぷんで、困っていたところだという。兵学校まで英語を勉強していた私はすぐ答えられた。

あのころ、片言でもアメリカ人と英語でしゃべれるなどという人は何人もいなかったから、相手にしてみれば、大げさにいえば地獄で仏に会ったようなものだったろう、と最初は思った。いちいち道順を教えるのも面倒なので、とくに用事もないから案内してやることにした。道々その将校と話がはずんだ。

「君はいま何をしているのか?」

「この間まで兵学校というところにいて、アメリカ海軍と戦っていた」

「そうか。それで戦争が終わって、これからどうするつもりだ」

「大学へ行こうと考えている。しかし、入れるのは再来年になるので、それまでできる仕事はないかと探しているところだ」

「それならどうだ、おれたちのところで働かないか」

この将校は陸軍中佐で、東京に作られた軍需部の責任者だということだった。私は聞いていて腹が立ってきた。ついこの間まで死に物狂いで戦争をしていた敵の軍で、よくも働けなどといえたものだ。大ざっぱでものにこだわらないアメリカ人の神経にあきれもし、また一方ではその包容力の大きさに感心した。日本はそんな国と戦っていたのだということを改めて思い知らされた。これでは負けるわけだ。負けたものは仕方がないと気を取り直し、学資でもかせごうかという気持ちでその将校の誘いに乗ることにした。

仕事は駐留軍の軍需部売店、つまりPXで通訳をすることであった。軍需部は銀座松屋を接収して一階を売店にあて、残りのフロアはすべて倉庫としていた。私はそこへ毎日出勤するのではなく、中佐が用事があるとジープで家まで迎えに来て、それに乗ってPXへ行くのである。銀座四丁目の服部時計店、数寄屋橋の東芝ビルも、このころは米軍のPXとして接収されていた。

首都圏には進駐してきた米軍のキャンプが東京を中心として各所に設けられていたが、軍需部はそのような部隊に物資を供給するのである。PXは米軍兵士とその家族など限られた人間しか利用することはできず、入り口で免税店のようにチェックされるのである。

食料品や酒、タバコなどの嗜好品まで、ここで見た米軍の物量の豊富さには驚かされるばかりであった。あらゆるものがそろっていた。米軍のキャンプの外では一個百円するアメリカタバコのラッキーストライクが、ここではたった十円で買うことができた。それも、いくらでも買えるのである。

こうして働いているうちに、その責任者の中佐から「闇屋商売」を持ちかけられた。中佐は元々英語ができる人間で、ここの品物がさばける人間を捜していたようだった。そのために私に声をかけたというのが真相ではないかと思う。安く手に入れたタバコを日本人に売りたいが、そのルートがないため、私に売りさばきをさせたいのだ。

米軍将校が道端で闇屋商売をするわけにはいかないし、量をまとめなければうまみもない。それで私にもちかけてきたのだが、私が生まれ育ったのは、前にも書いたように東京の浅草だ。幼馴染み(なじ)の小学校の同級生の中には、父親がテキヤをやっていて、後にはやくざになった者もいる。そういう「人脈」を通して商品を流すことができた。

中佐の提案は八対二で利益を分けようということだったが、私は五対五で折半にすることを主張し、結局七対三に落ち着いた。品物のさばきはこちらに任せるしかないから、いかに進駐軍といえども相手も強くは主張できない。

商品のタバコは一個、二個とばら売りするのではない。軍需部からごっそり仕入れて何百個、何千個とまとめて卸すのだから、もうけも大きい。テキヤの息子には一個につき十円ほどのさやをとらせて卸すと、私の取り分は二十五円くらいになった。この仕事は相棒の中佐が転勤になってアメリカへ帰ったので、半年ほどで終わりになった。この間に稼いだ金は、今の金額にして三千万円くらいにはなったのではないだろうか。

私が闇屋稼業に精を出している頃、一番痛かったのは新円切替えだ。今改めて歴史年表を繰ってみると、金融緊急措置令として、新円の発行と旧円預貯金の封鎖などを決めた日銀券預入令が公布されたのは昭和二十一年二月である。この結果、旧円は預金封鎖され、五百円しか引き出すことができず、その旧紙幣には証紙を貼って使うことになった。激しいインフレを防止する荒療治であったが、庶民は困った。

それを回避する抜け道は、蓄えた金でものを買うことだった。旧円で米や食料品などのものを買い、それを闇で売って金に換えれば生かすことができる。そんな状態が三年ばかり続いた。

すべてが現物取引で、どこへ行くのにも弁当をもっていかないと、出先で食物を手に入れることはできなかった。弁当を用意すること自体が大変だった。食べ物を手に入れるためには、着物などと交換でお百姓さんからわけてもらうか、闇で買うしかなかった。

終戦直後の東京の変化は激しかった。家の近くでもはじめは焼け残った小学校の教室に間仕切りをして、地震の避難者のような生活をしていたところもあった。資材はないのに、どこかの闇市場で集めてきたような木材やトタンを使ってだんだんとバラックが建ち始めた。その頃、千円もあれば家が一軒建てられたが、最初に姿を現わしたのは、掘立て小屋に毛の生えたようなバラックだった。

戦後の日本は、ほぼ五年単位で街の景観や人々の生活風俗などが変わっていったように思う。復興はそれほど急ピッチで進んでいたということだ。敗戦直後の混乱期は、悲観的に受け止めればどうにもならない悲惨な時期ではあった。だが、個人の才覚でやりようによってはどうにでもなる、その意味では面白い時代だった。こうして蓄えた金で大学の学資はまかなった。

藤原記念工学部機械工学科

昭和二十三年四月、私は慶応義塾大学工学部（現理工学部）に入学した。昭和二十三年というのは一つの区切りの年だった。というのは、旧学制による大学はこの年の入学生限りで、翌年からは新制大学になるからだった。この年に大学に入らないと三年では卒業できなくなるのであった。だから私たちは旧制大学最後の卒業生でもある。

慶応の工学部は、正確には藤原記念工学部と呼ばれていた。その前身は戦前、財界の大立者、藤原銀次郎が私財を投じて設立した藤原工業大学であった。戦争中は海軍中将が学長を務めていたが、戦争が終わって慶応に寄付した。そのため藤原の名前を冠していたのだったが、卒業する頃には「記念」の文字がなくなり、ただの工学部になっていた。その藤原翁は来賓として卒業式に来られ、私は「八十二老　藤原銀次郎」と書いた色紙をもらった。これは今も大事にとってある。

さてその工学部だが、当時は応用化学、電気、機械の三学科だけで、学生は百五十人しかいなかった。私が志望したのは機械工学科だった。機械工学を選んだ理由は、平たくいうとつぶしがきくからだ。応用化学をやる人も電機を勉強する人も、すべて機械が必要になる。工学の一番の基礎的学問は熱力学だ。早い話が、就職して電機会社へ行っても、モーターを作るにしても、機械がないとできないということだ。機械は工学のすべてに必要だから私はその道を選んだ。

慶応に入ったとはいうものの、三田山上の本校へ足を踏み入れたのは入学式と卒業式の二度だけだった。日吉のキャンパスに戦争末期、連合艦隊司令部が置かれていたのは有名な話だが、ここは米軍に接収されていて、三田の本校だけでは学生を収容できなかった。そのため一年生のときの教室は、川崎市の溝口にあった日本光学の工場の跡だった。光学機器は軍需産業だが、爆撃こそ受けなかったものの、工場の窓ガラスは割れて寒風が吹き込むようなオンボロ校舎だった。冷暖房の設備などもちろんない。

機械工学科の学生には、慶応幼稚舎から上がってきた者もいれば、私のような海軍兵学校出身者、海軍機関学校卒業者、元陸軍少佐もいるという雑多さだった。いかにも戦後の混乱期を象徴するような構成だったが、この当時、全国のどこの大学でも同じような光景が見られたはずだ。大学には復学した学徒兵や旧軍の軍服で通学する陸軍士官学校、海軍兵学校出身者も少なくなかった。

大学はまだ旧制だった。本科は三年で最初の一年で基礎的な勉強をし、残り二年は研究、実験をしつつ卒業設計と卒業論文を仕上げなければならないから、相当に忙しい。文科系の学生のように遊んだり、青年らしい議論に熱中するような時間的余裕は少なかった。

二年、三年は武蔵小金井にあった横河電機の工場が教室だった。中央線の武蔵小金井駅から徒歩で二十分ほどのところで、慶応義塾大学が引き払った後は敷地をある銀行が買収して運動場にした。

この頃でも落第する学生はいたし、経済的理由によって退学しなければならない学生もいた。アルバイトで学資をまかなう苦学生は珍しくなかった。遊びの資金を稼ぐためにアルバイトをするのが大半という今の大学生と比べると大違いだ。

当時、学生のアルバイト先は今ほど多くはなく、家庭教師などは〝高級〟な部類で、ゴムひものような日用品の行商に歩く学生も多かった。その点、私は条件に恵まれていて、「闇屋」で蓄えた資金があったから学費はそれでまかない、親には一切負担をかけなかった。アルバイトをすることもなく勉強に専念できた。

工学部は実験や製図の実習時間が多く、出席も厳しくてきちんとこなしていかなければ卒業は難しかった。夏休みの課題設計などは、千葉県銚子の酒屋の二階を借りてこもり、そこに友達も呼んで完成させた。そのころ酒は統制品で、配給でしか普通は手に入らなかったが、大家は酒屋だから一階の店からいくらでも持ってこさせることができた。そうやって設計をやっていたのだから、とんでもないぜいたくな学生だ。

とりわけ時間がかかるのは卒業設計と論文だ。私はディーゼルエンジンを設計した。それを仕上げてから、卒業論文を書かなければならない。論文のテーマに選んだのは「ガスタービンの効率について」。当時、六十年前にはガスタービンというのは非常に新しい分野だったが、私はそれもあって敢えてテーマにしたのだ。

書き上げた卒業論文は担任教授が日本機械学会に発表しろというので、学会に提出した。そんな機縁でこの学会の会員になって五十年以上たつから、今では名誉会員として会費を払わなくてもよい身分というわけだ。

夢の持てる中小企業へ

卒業は昭和二十六年三月である。就職を決める時期が近づいていた。当時日本の産業は紡績が隆盛を誇っていた。というよりも、順調に復興していたのは糸へんの軽工業くらいのものだったという方が実情に近い。大学生の就職先として十大紡績の人気が高かった。そこで私も慶応閥といわれる鐘紡の試験を受けたところ、採用内定の通知がきた。しかしよく考えてみると、鐘紡には同じ慶応の経済学部や法学部などから大勢行っていたので、工学部出身者の自分は、よくいって取締役工場長で終わりだ。それではつまらない。

考えているとき、担任教授の渡部一郎先生から話があった。

「高砂熱学工業へ行ってみないか。小さいが技術で立っているおもしろい会社だからどうか。将来性のある会社だ」という。教授はこのころ、後に二代目社長に就任する小林壬専務と親しく、高空気象を再現する技術の実験で一緒に仕事をしたという縁があった。そんなことから私の就職を打診してくれたのである。

空調設備の設計、工事を主体とする会社だったが、正直にいうと、わたしはこの会社に対して何の知識もイメージももっていなかった。ただ、大学就職部の求人企業掲示板には、初任給が一万円と書かれていた。後に知ったのだが、それ以上の初任給を払う企業は日本鋼管（現JFE製鉄）だけだった。当時、大学卒の東京都職員の初任給が六千円ほどだったから、高砂熱学工業の給料は破格に良かった。もう一つの理由は、この会社が日本の空調の先鞭をつけた会社という歴史があり、仕事としても面白そうだったからだ。

その頃、空調の仕事といえばもっぱらアメリカ軍の建物ばかり、米兵の宿舎の冷暖房工事だった。占領下の日本では、冷房はおろか暖房でさえ整った建築物以外には設備がなかったが、国の復興に伴って必ず民需が興るはずだ。「これからは日本にも空調の需要が生まれ、大きく伸びる」。私はそう確信した。

当時大学生の就職先といえば、業種を問わず大企業を目指すのが普通であった。まして や昨今のように在学中から起業を考えるような風潮はまったくなかった。在学中から良い成績を修め、できるだけ大きく有名な企業に就職することを誰もが考えていた。「寄らば大樹の陰」である。

しかし私の選択はそうではなかった。大会社は安定していて、確かに他よりも給料は多いだろう。大きくて立派な企業なら優秀な人材もたくさん集まってくる。それだけ競争も過酷のはずだ。大手企業であるほど子会社や関連会社、はては下請け会社への配属も日常茶飯事である。どうせ働くのなら、夢の持てる中小企業のほうが働き甲斐もあるというものではないか。そのころからこのような考えだったが、今なら確信を持ってそういうことができる。

渡部教授の推薦もあったことなので、ここでやってみようと決心した。もともと高砂熱学工業の本社は丸の内の東京海上ビルにあったが、オールド海上ビルと呼ばれていたこのビルは占領軍に接収され、新しい本社は品川区大崎の木造の建物に移っていた。訪ねてみるといかにもおんぼろで幻滅したが、小林専務の面接を受けた。たまたま専務の手元にあった手紙を渡され、

「それでは簡単な試験をする。君、この手紙を英訳してみなさい」

「いいですよ。では、やってみます」

私はその手紙をさっさと無造作に英語に訳して提出した。手紙の文章だからそんなに難しいものではない。考えてみると安直極まりない試験だったが、すぐに採用と決まった。

入社が決まって、「やれやれこれで少しのんびりできる」と思っていた矢先に会社から電報が来た。「明日から出社せよ」。それが三月二十二日のことだ。翌日から出社して空調設備の図面を引かされた。私が大学で勉強してきたのはタービンだからそれについては少しはわかるが、空調については何にもわからない。当時は社員研修などというものもなかったから、先輩にあれこれ聞いては何とか仕上げた。

これには後日談がある。最初の給料日にもらったのは四月分の給料で、これが四月一日から三十日分。つまり、最初の一週間分についてはタダ働きなのだ。同期入社は三人いた

が誰も何にもいわないので、私が代表して総務にかけあったがらちがあかない。そこで小林専務に直訴して払ってもらったという顚末があった。当初からわりとずうずうしい新入社員だった。

日本の空調事情

まあこんなふうにして、私は高砂熱学工業に入社することになるのだが、ここで日本の空調事情と同社の歴史を概説しておこうと思う。

高砂熱学工業は、大正十二年に創立された高砂暖房工業に始まる。明治維新後、外国人によって日本にも暖房設備がもたらされる。一管式の蒸気暖房やカロリーファイア式空気加熱器と呼ばれる暖房器だが、これらはみな外国人技師が設置したもので、当然のことながら暖房機器はすべて輸入だった。

日本で最初に暖房設備工事を行なったのは、各種機械の輸入商社として業績を伸ばしていた高田商会であった。こうした暖房装置は官庁や当時起こり始めていた財閥企業などの建物に急速に普及していった。文明開化の波は欧風の生活様式とともに、このような分野にも及んでいったということだ。

明治三十年代になると、設計、施行はほとんど日本人の手で行なわれるようになっていた。この間にも技術の進歩は急で、やがて一般建築物だけではなく産業用空調設備が紡績工場などに導入され始めた。生産工程で温湿度の調節をするために必要とされたのであった。

その第一号はアメリカから導入されたキャリア式空気清浄器付蒸発冷却型温湿度調整装置であった。この装置の開発者の電気技師ウイルス・キャリアにちなんでこう呼ばれている。余談だが、アメリカでは、彼がこの方式による設計図を完成した一九〇二年（明治三十五年）をエアコンディショニング元年、キャリアをエアコンの父としている。

輸入暖房機器の取り扱いにはやがて他社も参入し、周辺機器については国産品も生産されるようになり、日本にも空調業界が形成されてきた。須賀商会（明治三十四年、現・須賀工業）、菅谷商店（明治三十六年、現・ダイダン）などの会社が相次いで設立される。その後、大正時代に入ると、合資会社建材社（大正二年、現・大気社）、篠原商会（大正十三、現・第一工業）、三機工業（大正十四年）、合資会社朝日工業社（大正十四年、現・朝日工業社）がそれぞれ創立された。わが社の前身の高砂暖房工事もこのような機運の中で改組、発展して創業するのである。

大正十三年、わが社が銀座の国光ビル（現・松坂屋の一部）に設置した国産真空ポンプによる蒸気暖房設備は、日本では恐らく初めてのファンヒーターユニットによる暖房システムであった。翌大正十四年には、森永製菓鶴見工場にアメリカ・ビルター社製の温湿度調整設備の設置工事を行なった。

昭和二年に竣工した三越演芸場は、わが国初の完全冷暖房劇場として話題を集めたものだったが、これもわが社の施工によるものであった。この成功を受けて、昭和五年には浅草・大勝館の冷暖房工事を行なったのを始め、東京劇場、新宿大東京などの劇場空調を次々に手がけるのである。

戦前、産業用つまり工場における空調の分野では、紡績、人絹工場が大きな比重を占めていた。人絹（レーヨン）は天然の絹糸にまねた人造繊維である。綿花や木材パルプのセルロースを溶かし、細孔から凝固液中へ射出して繊維状に凝固させたものである。そのため人絹工場では空調装置を設備し、温湿度を厳密に管理して一定に保つ必要があった。わが社はこうした工場にも当時としては最新の往復冷凍機などを設置し、その業績に寄与したのである。

わが社は当時の業界に画期的な転機をもたらした製品も開発した。そのひとつはターボ冷凍機である。それまで、ボイラーをたいてスチームを通す暖房はあったが、わが社でも冷房の技術はなかった。冷房は冷凍機によって行なう。冷凍機というのは、まず冷たい水をつくってその水の膜の中を空気を通すことによって冷やす機械である。この冷凍機を発明したのはアメリカのキャリア博士である。

後に社長になる柳町政之助技師長は、先のキャリア博士の遠心冷凍機についての論文を研究し、独自の方式による国産化を目ざした。遠心冷凍機は圧縮機、冷却器、凝縮器で構成される。柳町は学術雑誌などから研究を重ね、アメリカへも行って冷凍機の実物にも接し、キャリア博士の特許に抵触しないような装置を開発した。そして当時、国内で技術力を注目されていた荏原製作所にこの製作を持ち込み、見事共同開発を成功させたのである。

完成した冷凍機は高砂荏原式ターボ冷凍機と命名され、一、二号機は大阪市の朝日ビルに設置された。屋上にアイススケート場もつくられたこの建物は、日本で初めて全館完全冷暖房空調を実施した事務所ビルであった。同ターボ冷凍機の稼動第一号は東京劇場に設置された。アメリカ側からは後に特許の侵害だとして提訴されたが、裁判の結果わが社は勝ってこの技術は確立された。記念すべき冷凍機だが、昭和十二年に六桜社(現・コニカミノルタ)日野工場に納入された装置を、今もわが社の総合研究所で保存展示している。

もうひとつはヒートポンプの開発だが、これも柳町技師長の設計によるものであった。いずれも海外文献などを参考にして手探りで開発していったものだが、このようにして昭和初期から冷凍機は開発設備していたのである。ターボ冷凍機については戦後の昭和二十八年、その特許を公開し、そうした事情が呼び水となってこの業界に参入してくる企業も増加した。

昭和十二年七月、日中戦争が勃発し、日本は国をあげて戦時体制に入る。経済の統制化が進み、資本や資材の軍需産業への集中が推し進められる。一方で民生産業は大きく後退し、こうした状況の下では会社、デパート、劇場などの民生用冷房は贅沢とみなされ、工事の停止はもちろんのこと、一般建築の暖房、空調設備などは兵器の材料として徴収されるようになった。

民生用に代わって軍需工場の仕事が急増していく。たとえば日本の軍用飛行機の約三割、二万四千機余りを製造した中島飛行機の各地工場の暖房工事は、そのほとんどがわが社が行なったものであった。中島飛行機が次々に増設する新工場を一手に請け負い、施行していった。戦況の激化にともない、徴用工を含めた三交代制による二十四時間操業が普通となり、暖房設備は不可欠であった。

わが社は昭和十八年六月に開催した株主総会で、社名を現在の高砂熱学工業に変更した。その理由のひとつは「一層国家要請ノ重要科学陣営ニ向ッテ邁進セントスル弊社ノ覚悟」の表明であったが、その裏には実は軍の働きかけがあった。戦時下に社名にある「暖房」などは贅沢であるという理由で、変更を迫られたのである。戦時下の逼迫（ひっぱく）した時代の話だ。そこで日本光学工業にならって「熱学」はどうかということになった。

以後も軍需に傾斜した仕事が続き、会社としてはそれなりの業績を上げていたが、戦争は日本の敗北で終わった。

敗戦直後の昭和二十一年のわが国の実質国民総生産は、昭和九年から昭和十一年までの三年間を百とすると六十二に激減していた。主要都市は灰燼に帰し、インフラ設備や生産工場は壊滅状態にあったうえに、先に例を上げたようにインフレが猛威をふるった。政府は石炭、鉄鋼などを最優先とする傾斜生産方式を導入して経済再建に努めた。

激しいインフレはなおも続いたが、昭和二十四年、アメリカから派遣されたドッジ公使による財政の立て直し、いわゆるドッジラインによって終息に向かった。昭和二十五年六月、朝鮮戦争が勃発する。私が入社した昭和二十六年ころは朝鮮戦争特需で、日本経済は一息つこうとしていた。敗戦後はもっぱら駐留軍施設の冷暖房工事に頼っていたわが社も同じであった。

私はこの会社の百番目の社員である。通し番号になっている社員番号が百番なのである。今でこそ従業員は千七百人いるが、この頃はその程度の規模の会社だった。人事原簿を見ると、一万円の初任給は入社後一ヵ月で千五百円昇給している。敗戦直後の超インフレは緊縮政策によって終息していたが、私が社会人となった前後から経済復興はいちじしく、それにともなってインフレが再燃していた。わずか一ヵ月で昇給があったのも、それほどインフレが激しかった証拠だ。

第三章——輝しき黄金の日々

仕事は伸び伸びと

私は仕事の上で行き詰まりとか挫折を経験したことがない。戸惑うことは多かったが、自分なりの意思と判断で道を切り開いてきたと思っている。

入社はしたものの、忙しい先輩の設計部員は新入社員に仕事を教えてくれるわけではない。見よう見まねで勝手に覚えるのである。大学で勉強していたことと会社でやっていたことには、技術的水準に大きな差はなかった。しかし、私が入社したころは大学には空調学科だとか設備学科などはどこにもなかった。しかも、私が勉強していたのはタービンだったから、空調とは何の関係もない。

私は仕事のかたわらひとりで勉強した。といっても、空調や冷房の技術書などそのころの日本では出版されていなかった。そこで日比谷にあったアメリカ情報文化局（USIS）の図書館へ通い、関係ある専門書を閲覧しては英文の原書を写して勉強した。図面や設計図はトレーシングペーパーを当ててなぞる。コピー機などという便利なものはないから、必要部分は全部書き写して翻訳するのである。手間はかかったが、そのためよく覚えた。あれがコピーだったらすこしも頭に入っていなかったと思うと、便利すぎるのも善し悪しというものだ。

入社三年目の昭和二十八年、私は突然、設計部から工事部に配置転換された。平たくいえば、工事現場に飛ばされたのである。大学卒の技術系社員はみな全員が設計部に配属され、少なくとも数年間は異動がなかったから、このような人事は私が初めてだった。設計部には部長がいて次に次長、さらに主任以下の先輩部員がいて、そういう人たちと年がら年中、顔を合わせて仕事をするのだから、居心地が悪くて仕方がない。

私は上司や先輩に向かっても平気で自分の意見をいい、たとえ部長でもその考えがおかしいと思えば、「部長、それは間違ってますよ」と平気で指摘した。そのようにはっきりものをいう部員はいなかったから、うるさがられたのだろう。一種の左遷だが、私はそうは受け止めなかった。現場も見ないで良い設計はできないと私は常々思っていたし、そりの合わない上司の顔を見ながら仕事をするよりはましだったからだ。

そのうえ現場へ出てわかったことだが、わが社のような工事会社と建設現場で一緒に仕事をするゼネコンでは、大卒の技術者を大量に現場に送り込んでいた。「我々の業界は遅れている。これではいつまでたっても工事会社はゼネコンの下請けに甘んじているだけだ」。危機感がわいた。私は「現場を知らずして設計はできない」との確信を深め、新しい仕事に取り組んだのである。

しばらく現場で仕事をしていると、今度は「お前、九州へ行かないか」といわれた。八幡製鉄に冷却塔を建設する工事があって、設計は全部本社で終わっているから、私にその現場を見て監督に当たれというわけだ。

製鉄所の空調というのは規模が大きい。例えば高炉から真っ赤に焼けた銑鉄（せんてつ）が出てくるのを水をかけて冷やすのだが、そのとき水は蒸発して高温の水蒸気が発生する。それを高い冷却塔に送って、装置を通して冷やすのである。技術力がなければできない仕事で、そういう設備の設計と施工がわが社の独壇場だった。

九州行きの特急夜行列車で二十四時間かけて、私は北九州へ赴任した。その頃、東京の本社のほかに営業所があったのは大阪だけで、九州には事務所がないどころか前任者もいない。まったく初めての仕事で、突然、現場へ行ったのだった。元請けの竹中工務店の事務所に挨拶に行ったところ、出てきたのはおっかない親父さんで、「何で今頃来るんだ」という。今頃も何も、こちらは命令によって来ただけで、ともかく赴任の挨拶をした。

見ると、その事務所には机が一つ空いていたから、私は「その机をうちの事務所として貸してください」と頼み込んだ。「お前ずうずうしい奴だね。だけど、まあいいや」。元請け会社の親父さんは怖そうな目玉をぎょろりとむいて、そういってくれた。こうしてその日のうちに事務所を開き、その会社と製鉄所の現場を往復することになった。

後のことだが、事務所では昼時になると、お金は払わないのにご飯も一緒に食べさせてもらった。元請けの親父さんは、毎日仕事が終わると中洲の飲み屋街に繰り出すのだが、必ず私も連れて行ってくれる。それくらい下請けを大事にしてくれたもので、今では考えられないそんな世界だった。

このいきさつについては以前、日本経済新聞のコラムに書いたことがある。私は上司に対して意見（文句）ばかりいっていたが、それがうるさがられて、「あいつならへこたれないだろう」と思われて福岡へやられたのだと思う。そのために左遷されたかというと、そうではなかった。本人が左遷だと思っていなければ左遷ではないし、そんなに苦にすることではないということだ。行った天地で伸び伸びとやればよい。

九州には二年間駐在していたが、正直いっておもしろかった。何が一番おもしろかったかというと、出張費をたくさん送ってもらったことだ。出張手当には三種類あって、最初の二週間はA出張、その後はB出張になり、一番長期にわたるとC出張となり手当が減る決まりだったが、そのC出張でも手当は一ヵ月に六万円だった。前にも書いたように、初任給が一万円余りの時代にだ。

その頃、嘘のような話だが、東京の本社に電話を「特急」で申し込んでも三時間かかった。めんどうだから電話はあまり使わず、たまに連絡するのは「○オクレ」という電報だけだ。銀行振り込みなどはないから、郵便局振込みの電報為替を使うのである。今でも覚えているが、あるとき三万円の振込みがあったので郵便局へ引き出しに行くと、下宿近くの田舎の郵便局だから、局のあり金を全部かき集めても三万円そろわない。局長が出てきて、「本局へ行って取って来るから明日まで待ってくれ」という騒ぎだった。

最初は八幡で下宿していたが、六畳、四畳半の部屋で、弁当を含む三食つき、さらに奥さんが洗濯までしてくれて下宿代は一ヵ月三千円だった。自分の給料が一万円あってその上に六万円の出張手当が出るのだから、その頃の私はお金持ちだった。当時は高級だった寿司などよく食べていた。博多に移ってからはアパートを借り、そのため炊事道具一式を買ってきたが、外食ばかりでついにほどくこともなく、二年の赴任は終わってしまった。

八幡製鉄所は増産に次ぐ増産で、工場は二十四時間稼動していた。当時の製鉄業は高い煙突から赤や黄色の煙をもくもく吐き出して、北九州の町はそれは盛んなものだった。騒音が町中に響いて、それが日本が再生する経済発展の象徴のようだと喜んだ時代だった。公害問題などまだ話題にもならない時代であった。

八幡製鉄所は、昭和十九年六月、米軍のB29爆撃機による本土初空襲の標的となって以来、繰り返し爆撃され、工場、社宅などが大きな被害を受けた。やがて空襲は全国に及んでいって、主要都市は焦土と化すのである。

八幡製鉄所がこのような有様だったから、日本の粗鋼生産は昭和二十一年には五十五万七千トンにまで落ちていた。戦前のピークだった昭和十八年の七百六十五万トンの一割にも満たない数字であった。しかし、朝鮮戦争特需によって日本の鉄鋼業は息を吹き返し、昭和二十八年には戦前の水準まで回復していた。私が九州に赴任していたこの時期、北九州は大変な好景気に沸いていた。

博多の繁華街などは大変な景気で、中洲のキャバレーは鉄屋と炭屋で満員という状態だ。鉄は八幡とその関連会社、石炭などは今ではほとんど残っていないが、三井三池だの貝島炭鉱だの大変な勢いで、掘れば売れるという状態だった。これも朝鮮戦争特需だが、九州は朝鮮に近いから、東京より景気が良かった。そういう状態が肌身で感じられたものだ。

先にも書いた元請けの親父さんに誘われて、夕飯を食べた後で東中洲のキャバレーに繰り込むことも月に五回や六回では済まなかった。キャバレーの閉店はあの頃でも十一時半だったが、その時間まで飲んで騒いでボーイにチップをやっても一人二千円くらいで間に合い、自分の金で十分遊べたものだった。

現場にいると、正月は休みで何もすることがない。本社からは、することがないなら帰って来いといわれるのだが、東京に帰るには二十四時間も汽車に乗らなければならない。それが嫌で九州に赴任している二年間は、一度も本社に顔を出さなかったが、本社からも誰一人視察に来るでもなかった。支店も営業所もないのだから、上司も同僚社員もいない。だから、入社して二年足らずでも仕事は自由裁量だ。経験の浅い人間なら、責任をとってくれる上司がいないと不安なものだが、そんなことはない。私は伸び伸びと仕事をし、また良く遊んだ。大晦日に雲仙温泉の有名旅館に予約なしで行って泊まったこともある。九州の温泉には一人であちこちよく泊まりに行ったから、九州出身の人間より良く知っている。

臆することなく立ち向かう

八幡製鉄の仕事は半年余りで終わったが、それで東京へ戻れることにはならなかった。それからも「あっちをやれ、こっちの仕事をやれ」という本社からの指示で、九州での仕事が続いた。朝鮮戦争特需に沸く北九州には仕事が多かった。

次に手がけたのは小倉の朝日新聞西部本社の工事だった。新聞を鉛活字で印刷していた時代だ。大手の新聞社はみな印刷工場をもっているが、鉛を溶かして活字を作るときガスが発生する。それを吸収処理する設備工事もあった。新聞を発行しながらの工事で、輪転機が止まるのは毎朝四時だから、それまで現場は待機しなければならない。四時に仕事を始めて七時には終わらなければならない、大変な仕事だった。

現地にも下請けの会社があり、そこの職人や作業員を指揮して作業を進めるのだ。私の二十代はそういう仕事をやってきたが、我々のときにはそれを仕方がなく無理にもこなしてしまった。ひるがえって、今の二十代の青年はどうだろうか。現場に出る人間はみな同じことを経験してきているのだが、現場では時に自分の父親のような年齢の職人を使わねばならないこともある。自分より年齢も経験も豊富な人間を使うのは難しいものだ。

私などは割合にそういう仕事ができた方だと思う。というのも、私が軍隊に入ったのは十六歳のとき、海軍兵学校だが、ここには実際の部隊もあって下士官や水兵がいる。みな私より年長の人間だが、こういう人たちを命令で動かさなければならないのだ。私たちは士官としてそういう人たちを指揮する教育をされてきたのだった。現場で物怖じせず指揮できたのも、持って生まれた性格だけではなく、兵学校の教育が身についていたからだと思う。

今と違って昭和二十年代のその頃は、営業という部署を置いている会社は少なかった。とりわけ我々のような設備の設計、施工の業界はそうで、お客さんから依頼があると技術屋の社員が出かけていって相手の注文を聞き、仕事をとってくる。その要望に従って設計をするのだ。ところが、我々の新しい技術を相手の会社は知りようがないから、値段などはあってないようなものだ。高いなどといって仕事を断わられたら製品ができないのだから、こちらの言い分は通り、いくらでも儲かった。

福岡では映画館の仕事もした。映画フィルムの保管庫を造ったのだ。当時の映画フィルムは可燃性なので防火対策が重要だが、フィルムが変質しないように温度、湿度を最適条件に保たなければならない。保管庫は今の新幹線博多駅の裏手、粕屋という場所で、当時は田んぼの中だった。

その現場の地下に埋設するばかでかい燃料タンクを造ったことがある。そのタンクを貨物駅から現場まで運ぶのに、日本通運では特車、つまり馬四頭で引く馬車を使った。その頃は日本通運でさえも大型トラックなどはまだなくて、燃料事情もよくなかったから、大きな貨物を運ぶのはみな馬車だった。この会社で、ものを運ぶのに馬車を使ったことを知っている人間は今や一人もいない。輸送手段として馬車から宇宙ロケットまで、いろいろなものを見せてもらった。それほど遠い昔の話だ。

空調設備というのは、建物があってその中の温度、湿度の調節をする装置を設置するものだ。建築業もその点では同じだが、二度と同じものを造ることがない。例えば機械による大量生産なら、一度機械を造ってしまえば後はその機械が同じものを何百万個でも作ってくれる。しかし、我々が係わる仕事というのは一回一回が全部違うから、図面を引く場合でもそれは面白い。さまざまな現場を経験するので技術力も蓄積される。

相手にする人たちも生産工場の工場長であったり、ビルのオーナーであったり、あるときには劇場の支配人であったりする。そういう異なった職業の人たちと仕事を通じて付き合う利点は大きい。「新しい工場に設置する空調設備の図面がいる。すぐ来てくれ」といわれれば、必要な道具類を持って直ちに駆けつけた。

どんな仕事でも臆することはなかった。その当時は自覚していなかったが、九州で過ごした二年間は、二十代の終わりの自分にとって大きな財産になった。一回りも二回りも人間が大きくなって東京へ戻ってきたと思っている。

高度成長の中で

「もはや戦後ではない」という副題が話題を呼んだ経済白書が刊行されたのは、たしか昭和三十一年のことだったと思う。前年、昭和三十年に経済水準がほぼ戦前の平和時の水準に戻ったことを、「白書」はこのような表現で高々と謳(うた)い上げたのだった。私が東京の本社に戻ったのは、経済白書がいうように戦後の復興期が終わろうとする、そんな時期だった。

朝鮮戦争の特需を受けて、昭和二十五年から昭和二十六年にかけて第一次ビルブームとなった。終戦直後からの進駐軍関係工事や戦前の建物の復旧工事に代わって民間の新築工

1957年、現場で同僚たちと。後列左から３人目が著者

事が急増し、繊維関係などの工場の新設、増設も相次いだ。この時期、セメントも鉄鋼も戦前の生産水準を越えた。

ビルや工場が建設されれば、わが社のような設備会社の仕事が増えるのは当然である。需要の増加に対応するため営業の拠点として昭和二十七年には札幌、名古屋に出張所を相次いで開設した。それまではお客さんの方から「お願いします、この仕事をやってくれませんか」と、頼んで来ると、我々技術屋が「じゃ、やりましょう」と出かけて行く時代だった。だから担当を特定した営業部員などいなかった。

私がこの会社に入ったとき、空調といっても何をするのかわからなかった。そんなことをするのは当時はこの会社くらいしかなく、せいぜい暖房があるくらいだ。入社しても誰も教えてなどくれず、先輩に聞こうにもみんな忙しくて教えてくれないのだ。新入社員教育などもなかった。病院などにあった蒸気暖房ならともかく、冷房などという装置を備えた建物はめったにあるものではなかった。だから入社してすぐ、日比谷映画という映画館に冷房設備があるというので、そこを見学に行ったこともある。そうやって自分で技術を勉強した。

会社は大型の工事を次々に受注し、現場はこなしきれないほどの仕事を抱えてフル回転していた。昭和二十九年に手がけた東京大丸店の冷暖房工事は、わが社が請けた民間では初めての一億円台の工事であった。昭和三十年には日本専売公社茨木工場の空調設備工事を行なったが、産業空調としてはこれも初の一億円台の工事であった。白木屋百貨店改修にともなう空調設備、玉島レイヨン岡山工場空調、朝日新聞東京本社増改築に伴う冷暖房工事など、大型の産業空調工事が連続して持ち込まれた。

空調分野には競争企業も進出してきたが、このような工事はわが社の独壇場であった。そういう、時代も会社も上り調子の時期に、私はこの会社で経験を積んでいった。

私には仕事自体がおもしろかった。というのは、この空調という仕事は同じ製品をずーっと作り続けているわけではない。一つの現場へ行って工場の空調設備を作っても、次の現場へ行けばまた違うことをやる。同じものを作ることは絶対にないのだ。ひとくちにホテル、工場といっても全部違うから、変化があっておもしろい。設計する立場からいうと、何もない白い紙に自分で形を描いていくのだから、意欲も湧く。それを現場で立ち会い、形になるのを見届けるのである。

我々が現場へ入ったころは「怪我と弁当は自分もちだ」などといわれていた。いかにも封建的な企業風土のように思われるかもしれないが、真意は、自分の身の安全は自分で守るよう注意せよという戒めだったと思う。

また、現場はその工事が竣工するまでは休みがなかった。一年の中で無条件で休めたのは、すべての工事がストップする正月だけ。今は土曜、日曜が休みだが、日曜日に休めるようになったのは入社して十年目くらいからだ。米軍に接収されて印刷工場になっていた東京・新宿の伊勢丹が持ち主に返され、元のデパートに改修し直す工事では、二、三ヵ月も現場に泊まり続けたものだった。

そんな生活だったから、結婚して娘が一人生まれたがすべて女房まかせだ。娘が幼稚園へ行き、小学校へ通っている時期を私はほとんど知らない。娘が起きている時間には家に帰ったことがないし、私が寝ている間に娘は学校へ行ってしまうからだ。娘の学校へなど父兄参観があっても行ったこともない。私もそうだったが、その当時はみんなが猛烈サラリーマンだった。

そうやって猛烈に働いて、大体世の中も昭和三十年頃には一息つけるようになった。食糧事情にもだいぶ余裕が出てきたように思う。その証拠に、たとえば米のご飯だが、それまでは国内出張でも米を持っていかないと、泊まった旅館でさえご飯を食べさせてもらえなかったものだが、どこにいても食べられるようになってきた。そういう変化は体で感じられるものだ。「神武景気」（昭和三十一〜昭和三十二年）、「岩戸景気」（昭和三十四〜昭和三十六年）などの言葉が新聞紙面を賑わし、日本経済は急速に復興していった。

体を張っても部下を守る

東京千代田区内幸町に、戦後のオフィスビルの典型のような建物がある。飯野海運がオーナーの飯野ビルである。九階建てのそのビルの瀟洒で洗練された外観は、今見ても付近の新しいビルと比べて少しも遜色がない。高砂熱学工業が、受注額四億円を超えるこのビルの冷暖房設備を施工したのは昭和三十四年であった。今なら百億円ほどになる、テナントビルとしては当時珍しい大型の事業だった。

私がこの工事の現場責任者を任されたのは、九州から帰ってきて数年後、三十二歳のときだ。竹中工務店が元請けで、我々は電気、衛生などの部門と並んで冷暖房工事を請けたのだ。元請けのゼネコンはもちろん、いろんな部門の人と打ち合わせをし、工程を調整して工事を進める高砂側の現場工事事務所の所長だ。現場では配管、電気、エアダクトなどが進み具合によって工期の取り合いで喧嘩(けんか)になることもある。そんなとき大勢の職人の中に入って仲裁することも所長の仕事だ。

この飯野ビルの現場で一度おもしろいことがあった。鳶(とび)の職人とうちの作業員が工程を巡って喧嘩になったのだ。どこの工事会社も自分のところが担当する仕事が齟齬(そご)なく順調に進むように工程を組みたいから、こういうことは現場ではありがちなことだった。私は当然わが社の現場で働いている職人の肩をもって相手に対応する。そうした騒ぎに私が乗り出していくと、相手方は鳶の親方が出てきた。

「まあまあこういうことは学士さんの出る幕じゃありませんから、ここはひとつ私に任せてくれませんか」

いかにも好々爺然とした親父さんだったが、穏やかなしゃべり方にも威厳が感じられた。

「ああ、良いですよ」

私はその親方の顔を立ててすぐ引いたが、さすがに年季の入った親方で、見事な仲裁振りで喧嘩はすぐに収まった。いわれてみればこちらは確かに工学士だが、「学士さん」などと呼ばれたのは後にも先にもこのときだけだった。今の若い連中には、現場に立って鳶の職人と喧嘩する元気があるだろうか。若気の至りといわれればその通りだが、要は体を張っても自分の下にいる部下を守り、工期を守ることが大切なのだ。

最も大きな問題はきちんと仕事を仕上げることもだが、もう一つ大事なのは工期を守ることだ。一番困るのは建築工程に遅れが出ることで、その影響を受けて我々の担当する工事も遅れてしまう。こちらの工期の遅れが他の部門の仕事に影響して手順が狂うこともあるから、工期を守ることは大前提だ。同じ会社の中でも「やる」と約束したのにそれを守らない奴がいると、私はぶん殴ったものだ。それほど納期を守るということは大事なのだ。そうやって仕上げた仕事が後の信用につながることを銘記しなければいけない。

この飯野ビルの工事は、わが社にとって大きな利益をもたらした。規模の大きさもさることながら、利益率が大きかったのだ。先ほども書いたように四億円超の工事でそれだけでも大きいのに、元請けの竹中工務店の現場の所長から別の提案を受けた。「空調の予算が五千万円浮いた。その分の図面を描いてくれれば五千万円払う」というなんとも鷹揚な話だ。その所長との相談だけで一生懸命に図面を描いて持って行ったところ、ちゃんと五千万円払ってくれた。だからトータルの利益率は四割だ。

会社に戻って社長に報告したところが、案に相違して「商売はやたらもうけるものではない」とたしなめられた。誉めてもらえるどころか、会社に利益をもたらして叱られたのだから、私にしてみれば心外だった。

しかし、今ならあのときの社長の考えがわかるような気がする。会社は利益を上げなければならないが、その利益は適正なものでなければならない。だが、儲(もう)けすぎた五千万円で、あのころの全社員のボーナスはまかなえたのだという。いかにも戦後の復興期から成長期へ向かう時代らしいエピソードとして、あえて書き残しておく。

飯野ビルやその後に請けた長銀ビルなど、昔手がけた仕事がやりがいがあったのは、仕事をしさえすれば利益も大きかったからだ。あのような大規模なビルの空調工事をやらせてもらうことは良い経験にもなり、実績にもなる。ほとんど現場で過ごしていても仕事は楽しかった。

工事費のうちかなりの比重を占めるのが職人の人件費だ。物の値段は多く作れば安くなるが、職人、技能工の値段というものはそうではない。一朝一夕に技能経験というものは身につかないから、現場を尊重し、技能者を育てていかねばならない。

疾風怒濤(しっぷうどとう)の時代

その頃は大型工事が立て続けに持ち込まれた時期でもあった。飯野ビルが竣工した後に私が関係したのは、日本専売公社のタバコ工場の設備工事だった。このタバコ工場も各地に造られていて、わが社も数多く手がけた。タバコの製造工場は温度、湿度を厳密に一定に調節する必要があり、安定しないと製品の質が大きく損なわれる。

神奈川県小田原に建設した工場の工事は、空気を流すダクトの縦横が五×八メートルという大きなもので、そこに強力に風を送り込む。そのためダクトの素材は自動車に使う鉄板よりはるかに丈夫でなければならないのだ。このような特殊な鉄板は新日鉄の八幡製鉄所で特別に注文して作らせる。エアダクトを一メートル作るのに自動車一台分の鉄板が必要だった。タバコ工場の空調は、そういう大規模な設備だった。

印象に残る工事のひとつだったが、そういう大規模な設備だった。

高度経済成長に弾みをつけたのは昭和三十九年の東京オリンピックだったことは、その後の経済指標が示すとおりである。当時、オリンピックを迎えるために東京のインフラ工事はすさまじい勢いで進められ、都市の景観は一変したものだった。経済発展を加速させた第二段が、昭和四十五年に大阪で開催された万国博だった。わが社にとっても、あの昭和四十年代というのは急成長の疾風怒濤の時代といってもよく、もう仕事はいらないというのに、どこからでもいくらでも持ち込まれて断わる言葉に困るほどだった。

それはともかく、大阪万博でわが社が請けた仕事も専売公社の仕事で、虹の塔という展示館だったが、その注文が難しかった。外観が巨大な銅鐸の形をしたパビリオンの内部空間にドライアイスの煙を吹き出して、中空に像を描いてくれという注文なのである。松竹の映画監督だった松山善三氏がプロデューサーで、「アダムとイブの像を空中に作ってほしい」というのであった。

当時、私は東京本社の技術部長の職にあった。技術陣を督励して実験を重ねたが、非常に難しい。煙の像を描くことはできても、その煙がすぐに消えてしまうのだ。それはそうで、「煙のように消える」という喩(たと)えがあるくらいだから、芸術家は難しい注文を出してくれたものだ。タバコの煙を口から吐き出して輪を作るくらいの芸当なら誰でもやれるが、広いパビリオンの空間に大きな像を描くのだ。

それでもわが社の技術陣は最後には要望に応えて、空中に像を定着させることに成功した。その設計では特許をとったが、そんな特許はその後の仕事で何の役にも立たなかった。とはいえ、思い出に残る仕事ではあった。

あんな時代はもうないだろうが、今考えると懐かしい。大阪万博の仕事だけでも「もう勘弁してくれ」と悲鳴をあげたいほど仕事の注文があったものだ。向こう何年間かは仕事が埋まっていた。その頃にはすでに営業の部署も作られていたが、「営業部員は仕事を取りに行かなくていいから現場へ行って仕事をしろ」といわれるような忙しさだった。人手不足のため、そのような配置で仕事をこなしていた。営業職や事務職員でも現場に仕事がないわけではなく、工員や職人の管理、経理などの仕事はある。

並行して異なった各種の仕事が同じ社内で進んでいた。現場は劇場や会館、ホールなどのいわゆる箱物から工場など様々だった。昭和四十年代、高度成長期の最中には工場建設にともなう設備工事の仕事が多かった。輸出が盛んになってきた時代だったから、メーカーは輸出製品を作る工場をどんどん増設した。例えばテレビなどはいくら作っても国外に売れる。製造が追いつかないから、新しい工場を造ろうということに決まる。

日本の高度成長時代の幕開けを象徴するのは、何といっても東海道新幹線の開業だろう。それまでの地上の交通機関の次元を超えたあのスピードのように、日本の経済発展も急速だった。そんな新幹線はレールが敷かれて列車が走れば、それに付随して駅舎や売店の仕事も生まれる。そのようにして、わが社の仕事も増え、急速に発展していくのであった。

一人で行く海外出張

話は前後するが、昭和四十年十月、私は海外出張を命ぜられて、一ヵ月間で世界を一周したことがある。千葉県成田市に新東京国際空港が開港したのは、昭和五十三年である。建設反対派との争いや用地買収の遅れから、開港に漕ぎつけたのは予定より大幅に遅れていた。空港建設に先立って、運輸省は関係する民間企業も含めた研究チームを結成し、新しい空港のあり方を研究したが、わが社も空港設備の空調を担当する立場で、そのチームの一員に選ばれていた。

その過程で、先進諸国の新しい空港を視察してその成果を新空港建設に採用しようとの考えから、世界各国の空港を視察することになり、わが社からは私がその視察団に参加することになったのであった。運輸省からの依頼もあったが、成田空港の仕事がとれるかもしれないという期待もあって参加したのだった。予定は昭和四十年十月から一ヵ月間、その間にヨーロッパ、北米大陸の主要な空港を見学し、必要な情報を得る目的である。

視察団には運輸省の役人もいれば、飛行機を買い付けるために下見をする商社マン、その他我々のような空港建設関係者もいて、総勢五十人。戦後最大といわれた視察団だった。私が調べるのは、もちろん空港ターミナルビルの空調設備の最新情報である。とんでもないハードスケジュールだが、運輸省の限られた予算の結果こんなことになったとしか考えられなかった。

まずヨーロッパへ飛んでロンドン、パリ、アムステルダム、ローマを回ったが、その頃はどこの空港にも暖房施設はあっても冷房の設備はない有り様だった。わずかに、ローマ空港で、ターミナルビルの片隅に大きな冷房機が置いてあるのを発見した程度だった。アムステルダムのスキポール空港では、飛行機が着くとスルスルと伸びて接続する乗降機（ボーデングブリッジ）を初めて見た。今ではどこの空港でも当たり前のように設置されているが、便利な装置だと思った。

スイスからローマへ向かう間のわずかな時間にアルプスの山中の町シャモニーへ行き、ロープウエーに乗ってヨーロッパ最高峰のモンブランを見てきた。出張中の数少ない観光だった。それ以外にはほとんど息抜きの機会はなく、空港から空港へ駆け足の移動だった。ヨーロッパの次にアメリカ大陸に渡り、カナダからアメリカ各地の空港を北から南へと見て回ったが、カナダ、アメリカではさすがに空調設備が完備しているところが多かった。

視察団はオクラホマ州にあるジェットパイロット養成学校も見学し、そこでは二泊もする予定だった。そんな田舎へ行っても何の得るものもない。私は団長と交渉してその二日分のチケットをアメリカ国内線のチケットに換え、フロリダへ行った。メキシコ湾に臨むタンパという町にタンパ空港という新しい空港ができることを、私は事前に調べて知っていた。その新空港の設計を調べに行ったのだ。視察団一行とは二日後にロサンゼルスで落ち合うことにした。

空港長に会って、その新しい空港の設計図面を見せてくれるよう頼んだが、全然協力的ではなく、すげなく断わられてしまった。はるばるヨーロッパを回ってこんな田舎町まで来たというのに、日本男児がこのまま引き下がるわけにはいかないではないか。そこで私は一計を案じた。空港長の下には秘書がいたが、空港長が食事に行った間に秘書に真珠のイヤリングをプレゼントして、空港の図面をまんまと手に入れてしまったのだ。

イヤリングは日本を発つ前に六本木で買った千円くらいの安物だった。もしかしてそういうこともあるかもしれず、何かの役に立つだろうと思って用意していったのだったが、見事に役に立った。古諺に曰く、「将を射んとせばまず馬を射よ」だ。

誤解しないでもらいたいのだが、私はタンパ空港で女性にもてたことをひけらかそうというのではない。安物のプレゼントで歓心を買って目的を達しようなどという姑息な考えはもっていない。要は、ささやかでもそのような心遣いをしておくことが大切なのであって、誠実な態度が相手を動かしたと思うのである。

タンパに行った目的は達せられた。ここからマイアミは近いが、海浜のリゾート地は私にとって面白くもないので、ニューオーリンズへ飛んでジャズを聴いてきた。その翌日、視察団の一行と何事もなく合流した。

その後、ハワイの空港を視察して三十数日間で世界を一周して帰国した。世界一周の出張旅行は、実はその後もう一度やっているのだが、これが最初だった。この一ヵ月に及ぶ海外視察旅行は、東京支店技術部の課長時代のことだった。

わが社はその後、成田空港の空調工事を手がけることになったが、我々が担当する工事の期間は一年余りだった。それから四十年近く経つのに、成田空港は二期工事が終わらずまだ完成していない。あの空港はとんでもない失敗だ。元々地主が多い所に広大な空港を造ろうというのがそもそものの間違いだ。日本では私権を尊重する度合いが強いから、土地の収用は容易ではなく、その証拠に首都圏を結ぶ外環道路でもまだ完成していない。

成田などはその典型だが、日本は空港の工事のやり方もなっていない。建設には大量の鉄材などを運び込まなければならないのに、戦車でなければ走れないようなひどい道を造る。西欧諸国ではこういう場合、取り付けの道路を先に造るのが常識だ。日本では空港を造ってから道路を造るのだから、やることが反対だ。設備工事を専業として、長く設計に携わってきた者には、工事の手順の重要さがよくわかる。

海外出張にはこれまで三十数回行ったが、いつも秘書など連れずに一人だ。他の役員に行かせたくても、「英語ができないので行けません」というから、それなら仕方がない自分が行こうということになり、社長時代も自分が海外事業担当のようなものだった。こういう私だって英語がうまいわけではないのだが、へたなりに交渉などもこなしてきた。やればできるのだ。

辞めようと思ったことも

仕事とは楽しいものかと聞かれることがよくある。平成十七年四月のわが社の入社式でもいったことだが、この世の中に「会社へ行って仕事をするのが面白くてしょうがない」

などという人がいれば、お目にかかりたいものだというのだ。会社の仕事というものは大体があまり面白いものではなく、メシのタネとして稼がなければならないから、働いている。それが誰しも本音だろう。

この会社に五十年ほど籍を置いていることになり、昔は休日でも休みなくやってきたが、会社へ行くのが嫌だと思ったことはない。仕事は面白かった。だから、仕事に行き詰まって自殺したなどという新聞記事を読むと、死ぬ気になってやれば人間、何だってできるではないかと思うのだが、最近の若者はひ弱になったのかと思わざるをえない。

仕事が嫌になって辞めようと思ったことはないが、この会社を辞めようと思ったことは一度だけある。私の前の前の社長の時代のことで、まだ取締役にもなっていない頃の話だ。その社長が「うちのような工事屋というのは面白くない。これからはメーカーになる」といい出したことがあった。ゼネコンの下請けとして設備工事をするだけではなく、特定の技術を持って特徴ある製品を作るメーカーになるという限りでは悪いことではない。

社内に委員会を作り、十人ほどの委員が検討した結果、自家生産でダクトを作ることに決めたのだが、それには問題がある。わが社には下請けの会社が入っていて、我々が発注する仕事をすることによって利益を得ているという構造になっているのだ。ダクトもそういう方法で作られているのだが、それをうちが直接にやれば利益は全部うちに入ってくるという考えなのだ。

我々のような請負業という仕事では、すべての業務に対応できる人員を常時そろえていては、仕事がないときはもちこたえられず、たちまち倒産してしまう。だから、仕事を分けて随時下請け業者を使って請けた仕事に自由に対応するというのが商売のやり方だ。工程のすべてを、直接自社が手がければ全部儲かるなどということはあり得ないのだ。社長の発想はこの社会の構造を知らないことから生まれたものだった。そこで私は反対したが、他の委員は社長の方針に賛成で、十対一で決まってしまった。

神奈川県の厚木に三千坪の土地を買って、そこに工場を建ててダクトの製造を始めたのだ。そのために自動的にダクトを製造できる機械も導入した。

私の反対に対して、社員の中には「ダクト屋の商売がなくなるから、運動費をもらって反対している」などといい出す者もいる始末だ。だから私は、「こんなばかばかしいところでやっていられない」と辞職の決意を固めた。社長は「辞めてどうする?」という。私は「同じ商売をやりますよ。そして五年後にはあなたの高砂の会社を五対一の株式比率で合併してあげますよ」と啖呵を切ってやった。

「興銀から資金を借りる目処もついているし、技術屋には私の子分がいっぱいいるから、三十人くらい引き抜いていきますから」とたたみかけてやった。するとと社長は説得にかかって、私を料亭「吉兆」に引っ張り出した。そこで杯を交わしながら話し合ったが、説得されて思いとどまることにした。だが、そのときは本気で辞めようと思っていた。

ところが、社長の発意で始めたその事業は、私が予言したとおり一年あまりで経営的に成り立たなくなった。撤収することになると社長に呼ばれ、今度はその役目を「石井君すまないが」と頼まれた。厚木の工場のダクト製造機は、私が新入社員の頃から親しく付き合っていた下請け会社の社長に四千万円で引き取ってもらい、何とかこの事業から撤収した。ダクト屋に任せていた仕事を切って、自社で利益を独占しようと考えたのだが、そんな馬鹿なことがうまくいくわけがない。

経営者というのはチャンスを見て判断を下し、先を読まなければならない。そういうことは細かい技術に通じているから身につくのではなく、ひとつは教育の結果だと思う。

我々は海軍兵学校でそういう指揮官としての教育を受けた素地があるから、そのような行動や考え方が自然に身についた、ということもあるかもしれない。もうひとつはその人間のもって生まれた才能のようなものだと思う。天性のようなものといってもいいが、経営とか統率力というのは、本を読んでもわからない者にはわからない。

この会社で大学の理工系出身者の本流ともいえる部署は、前にも書いたように設計部(技術部)とされていたが、昭和四十四年、私は東京支店の技術部長に任ぜられた。この前後の時期は設計を中心とする仕事で、今までのように持ち込まれる工事の現場を忙しく飛び歩いていた。昭和四十七年には取締役に就任した。サラリーマンとしてはひとつの到達点に達したわけで、某かの感慨はあった。うれしく思ったことも事実だ。

ところが、技術の大将として仕事に打ち込んでいると、今度は突如、大阪支店の支店次長として大阪赴任を命じられた。それが昭和五十一年のことだ。

その前は技術担当の東京支店次長という肩書きではあったが、技術部長との兼務であった。部長から大阪の支店長の次のポストだから左遷ではないが、実のところは「あの野郎うるさいから大阪へやってしまえ」というような人事ではなかったろうか。

大阪で二年間、思うままに仕事をしているうちに、どちらが支店長かわからないようになってしまった。そうすると、今度は「東京へ帰れ」という人事異動だ。待っていたのは、私が技術屋なのにもかかわらず管理本部長というポストだった。その所管は総務、人事など幅広かったが、平時では何もすることがないので、総務部長と囲碁ばかりやっていた。

第四章——人生最大の危機

ナミレイ事件Ⅰ

わが社は現在国内シェア二十パーセントの業界トップ企業だが、昭和五十四年、株の買い占めによる乗っ取り攻撃をしかけられた。

この年六月、本社総務部では株の出来高の動きがおかしいことに気がついた。それまで一日に二万株前後だった出来高が異常に増加して、数十万から百万株が取り引きされる日がしばしばあったのである。にもかかわらず、株価に大きな変化は見られなかった。幹事証券会社の協力で調べているうちに、投資信託に組み込まれているわが社の株を同業のナミレイという会社が密かに買っていることがわかった。

この事実を最初に特ダネとして報道したのは日刊工業新聞だった。さらに事件の発端となった株の買い占めを、十一月の日本経済新聞は、あらまし次のように報道した。

空調工事のトップ、高砂熱学工業の株式を大阪の大手空調工事会社のナミレイが買い集め、筆頭株主になったことが明らかになった。これを背景にナミレイは、高砂熱学工業に対して業務提携を申し入れたが同社は拒否している。

昭和五十四年当時のわが社の株価は三百五十円前後で、ナミレイはそのおよそ三・七パーセントを取得したのである。それまでの筆頭株主は三・五パーセント、百二十七万株を保有する三菱銀行だった。その三菱銀行の本店をナミレイの顧問と称する人物が訪ね、わが社の大株主になったこと、株取得の意図などを一方的に話していった。さらに、わが社の営業を統括していた船橋明専務を通して直接接触を図ってきた。

その頃、私は最下位の常務に就任したばかりだったが、この問題に対処することはまさに管理本部長である私の所管事項だった。職掌(しょくしょう)がらというだけではなく、対応する人間がいなくなり、やむを得ず私が一手に引き受けて対応することになってしまった。この事件を社内では、乗っ取りを策した会社名をとってナミレイ事件と呼んでいる。事件は、相手方を脅迫などで刑事告訴し、最高裁の上告棄却で決着がつくまで十年かかった。

ナミレイという会社はわが社と同じ空調設備の工事会社で、当初は浪速冷凍機といった。創業者は松浦氏で、その当時は創業者の子供の三兄弟が経営に当たっていたが、普通の会社ではなかった。長男の幸作が社長、三男が副社長、二男の良右が会長をやっていたが、この二男がやくざの世界と関係があった。営業成績の上がらない社員を、良右が日本刀を抜いて社内を追い回すような、そんな危ない会社だった。長男、三男はこの二男に引きずられたようなものだ。

なにしろ株を買い占められるなどということは未経験のことなので、社長以下の役員は周章狼狽（しゅうしょうろうばい）して何をしてよいのかわからない。そこで相手の動きを研究し、対策本部を作って対処しようということになった。本来なら私より上席の専務や常務はいっぱいいるのに、結局どうなったかというと、みんな逃げてしまった。

そのうちにだんだんわかってくるのだが、逃げたどころか、向こう側に付いて会社の資料は持ち出すし、あることないこと私の悪口をいった専務もいる。もっと傑作なことに、その専務は裁判が始まると相手方の証人として出廷した。ともかく、ナミレイとの交渉は、私一人でやってこいといわれて私が担当せざるを得なくなったのだ。

その初会見で出されたナミレイ側の要求は、わが社との「全面業務提携」だった。こう書けばいかにももっともらしいが、株を一割ほど買ってあるとして先方が出してきた要求は、うちがとってきた仕事はすべてナミレイを通したことにして、五パーセントの口銭をよこせというものだった。何もしないで工事費の五パーセントをとるということだから話にならない。わが社は即座にその要求を拒否した。

すると、次には相手の会社に呼び出された。大株主の要求なので無下には断われない。

「どうするのですか社長。要求を呑むのですか」と、私は社長に真意を確かめた。

「それはできない」

「それなら戦うしかありませんよ」

「石井君頼む、君に任せるから」

こんな調子だから、矢面に立つのは私一人だけだ。

私は運転手に、「一時間たっても出てこなかったら警察に駆け込むように」といい置いて乗り込んだ。ナミレイの東京支店はわが社と同じ千代田区内のそう遠くないビルにあったが、内部の様子が普通ではなかった。入り口を入ると廊下の両側、天井は全面鏡張りで、まず変な会社だなと思った。通されたのは真っ暗な応接室で、私の座らされたソファーの上にだけスポットライトが点いている。目が慣れてくると周りには甲冑や刀剣がいっぱい飾ってあり、やくざ映画で見る組事務所のような雰囲気なのだ。

座って待っていると、男が二人入ってきた。一人はナミレイ元会長松浦良右、もう一人はいかにもやくざそのものといった感じの男だった。相手は日本経済新聞に載った「筆頭株主だからといって、業務提携などの話は考えられない」とする私のコメントなどを調べあげていた。この問題で強硬に反対しているのは私一人だとわかっている。だから私一人を落とせばいいわけだ。

「お前さんなかなかいうことをきかないから、ピストルで撃ち殺してやろうかと思った」

「じゃ、やってみたらいい。やったら終わりだよ」

「殺す」と脅しているわけではないが、やり取りの中で松浦は、そんな脅迫的な言葉を並べて「全面業務提携」を結ぶように迫った。しかし、私はナミレイ側の要求をすべて拒否した。このような会見が行なわれたのが、その年の十二月二十日のことだった。

後に法廷でこの日の状況を証言すると、相手方弁護士から「あなたは現場で荒くれ男を指図して慣れているから、ちっとも怖いと思っていなかったはずだ。現にこういっている」と反証されたが、そんなことはない。立派な脅迫、強要が続いたのだ。

その日以降、ナミレイ側のわが社に対する本格的な揺さぶりや脅迫が始まった。執拗な呼び出しや脅しが続き、私の自宅にも脅しの電話がかかってくるようになった。家内には「お前の亭主に無駄な抵抗をしないようにいっておけ」。娘は当時高校生だったが、「変なことにならないように気をつけろ」などと脅された。私は脅迫の細かい事実をすべてメモに残し、家人にもそうさせた。

余談だが、私は好奇心が旺盛で、何でも興味を持つと、そのデータを集めてメモする習慣がある。くせといった方がよいかもしれない。そのため海外に出かけるときは必ず大学ノートを持参する。日記としてその日の出来事、行動ばかりではなく、出かけた土地の天候、気温や室内温度、湿度、朝食、夕食の料理内容、料金、買い物と値段などを克明にメモしておくのだ。二十歳以前の日記は東京空襲で焼けてしまったが、それ以後の分は今も家にとってある。

ナミレイ側からの面会の強要や脅しが始まるようになって、私は大学ノートを用意して、面会の強要やわが社に対する要求、脅し文句など、その言動を逐一記録に残した。こうしたメモの習慣がその後の裁判では非常に役に立った。

ナミレイ事件II

翌年春になると、松浦元会長がナミレイが発行する第三者割当増資の株式百万株を一株七百五十円で、わが社の第二位の大株主である富士銀行に引き受けさせろという難題を吹きかけてきた。こんな非常識な話を、銀行に依頼できるわけがない。社内の意見も簡単にまとまらなかったが、すったもんだの末に私が正式に拒否の回答を伝えた。するとナミレイは、今度はこれも大株主の生命保険会社に割当増資を引き受けさせることをもくろみ、そのためにわが社が取り引きの上で担保するよう要求してきた。いくら大株主といっても理不尽極まりない要求なので、これも拒否した。

相手は買い占めた株を高値で買い取らせようとしてきたが、そんなことができるはずがない。そんな要求に応じてしまえば背任行為になり、他の株主に損害を与えたとして訴え

1981年、西ドイツ（当時）ミュンヘン。左端が著者

られてしまう。この頃になると、「ナミレイ株の増資割当分が他社に依頼できないのなら、いっそわが社で引き受けたら」というような弱気な発言をする役員も現われ始めた。役員会の発言や決定などの情報はすべてナミレイ側に流れていた。内通者がいたのだ。というより、後でわかったのだが、そもそもこの事件は、当時の専務の一人が相手方に乗せられて起こったのだった。

この事件への対処で何に一番苦労したかというと、内部の裏切りや切り崩しにあって社内がむちゃくちゃにされたことだ。対策委員会を開いてこちらの作戦を決めてこういう態度で臨もうと申し合わせておくと、それがすぐ相手方に漏れてしまう。ひどい時には常務会の決定がすぐ向こう側に伝わっていた。それというのも、常務会の中にナミレイ側についた人間がいたからだ。

さらにナミレイ側はわが社の役員人事に介入しようとし、一方でとうてい呑めない要求をぶつけてきた。

後に我々の告訴を受けて検察庁が先方の会社や幹部の自宅を家宅捜索したところ、わが社の本店の金銭出納簿のコピーまで全部向こうにあったと、担当検事が驚いていた。

ナミレイ側のもくろみは、日景社長や提携に強硬に反対する私を失脚させることにあった。そうすればナミレイの息のかかった人物を幹部に据え、会社を思うさまに牛耳ることができる。わが社の株を買い増し、昭和五十六年三月にはわが社の株の十パーセント三百六十五万株を持つ筆頭株主となり、経営に圧力をかけてきたのである。

日景一郎社長のスキャンダルと称する記事を週刊誌に売り込み、その裏で人を介して買い占めた株を高値で買い取るよう脅しをかけてきた。「買い占め株式買い取り要求恐喝未遂事件」といわれるものだ。

私に対する個人攻撃も始まった。石井は関連会社からリベートを取って癒着しているなどという事実無根の怪文書が、全役員に郵送されただけでなく、ごていねいにも大株主や捜査当局にまでばらまかれていた。私は名誉毀損で所轄署に被害届けを出したが、逆に私本人が捜査されることになってしまった。

この年の定時株主総会を前にして都内のホテルで開いた大株主懇談会の席上、ナミレイ側の代理人として出席した顧問弁護士と税理士が、いきなり立ち上がって私を誹謗、中傷する文書を読み上げ、日景社長や船橋専務に対しても暴言をあびせた。大株主懇談会は大混乱に陥り、打ち切らざるを得なかった。私自身は社会的名誉を大きく傷つけられた。

あるときは検察官あがりの弁護士が会社にやって来た。「石井という奴は出入りの業者から金を巻き上げている悪い奴だ。株主総会で質問する」などと事実無根のことを並べ立てて攻撃するので、「おやりなさい。そのかわり事実でないことが証明されたら、その弁護士バッジをひきちぎってやる」といって、追い返したこともあった。

株主総会を無事に乗り切り、事態を収拾するために、私自身が身を引く決心を固めたが、日景社長や島田輝雄相談役に強く慰留されて、改めてナミレイと戦い抜くことを決意した。それは精神的にも苦しいもので、このころが最大の危機だったと思う。

総会の前日には、私の留守にある暴力団の組員が会社を訪ねてきて、明日の総会ではいろいろ質問するといって帰っていったという。総務部長はそれだけで怯(おび)えている。私は警視庁の警部からその組事務所を聞いて出かけていった。親分に取り次がせて、「おたくの若い衆と称する人が来て、明日の株主総会で質問するといっていたそうだが、嘘のことを話すと警察もきているからあんたに迷惑がかかる」といってやった。親分は「わかりました。いっておきます」という返事だった。

一人で暴力団の組事務所を訪ねるというので、社内や警察ではずいぶん心配したが、親分クラスになると、そんなに非常識な対応はしないものだ。結局、当日そのやくざは来なかった。そんな騒然とした情勢の中で開いた定時株主総会だったが、銀行、生命保険会社などの大株主をはじめ各方面の協力を得て、無事に乗り切ることができた。

七月に入ると、ナミレイ側は経営陣と社員の分断を狙って次の手を打ってきた。「現経営陣がいかに無能で、社員がいかに苦労を強いられているか、ナミレイはこのような事態を救うために立ち上がった」などという趣旨の文書が一部の社員の自宅に郵送された。その後も三回にわたって全社員の自宅に同様の文書が郵送された。

社内が大騒ぎになるのも当然だった。元々向こう側の人間と高砂の専務の間でシナリオが書いてあって、要するにこの会社を乗っ取ろうとしたのだ。社内では専務だけではなく、向こう側に寝返っていく者が続出した。論功行賞（ろんこうこうしょう）があるのだろう。向こう側について、乗っ取りが成功したらこう処遇するなどとカラ手形で釣られるのだ。

カラ手形ばかりではなかった。特に驚かされたのは、強制捜査が行なわれてナミレイの事務所が捜索されたとき、松浦社長の机の引き出しから押収したわが社の人事構想図だった。そこには社長以下課長クラスに至るまで、ナミレイ側の意図した人名が書かれていた。

このような事態になって会社は、昭和五十六年十一月、日景社長、船橋専務、私の三人の名でナミレイ側を東京地方検察庁に告訴した。今ではそんなことはないと思うが、その筋と関係のある会社は警察ともつながっていることが多かった。

警察から情報が外部に漏れて事件が明らかになると、政治家の意を受けた秘書が何人かやって来て、「あの会社は筋が良くないから、金で解決した方がいいですよ」などと説得にかかることもあった。だから、私は所轄の警察署や警視庁ではなく東京地検特捜部へ告訴状を持っていった。

告訴状は受理され、密かに捜査が開始されると、わが社からも総務、人事、営業などの部門の関係者が事情聴取された。私に対する聴取は徹底していて、尋問は時に朝十時から夕方五時にまで及び、捜査が終わったときには、調書だけでも積み上げると高さが一メートル以上になった。妻も事情を聞かれ、なぜか私が常連になっている銀座のクラブにまで刑事が聞き込みに行く始末だ。

ともかく、徹底した捜査が密かに行なわれ、昭和五十七年三月、松浦良右元会長、松浦幸作社長らナミレイ関係者八人が逮捕、起訴された。捜査の過程で、別の住宅建築会社も同じように脅迫されていたことがわかり、立件された。その他にも大手ゼネコン数社が同じ手口で揺さぶられていたことが発覚したが、それらの会社は事を表ざたにしなかった。

事件が新聞などで報道されると、官公庁からのわが社の入札指名は減り、民間の受注も落ち込むなどの影響を受けた。社内全体が動揺し、経営の将来に不安を感じた多くの社員が退職して行った。それ以外にも有形無形の被害を受けたが、事件が司法の手に委ねられると、混乱は次第に収まっていった。しかし、乗っ取り事件は最高裁で最終的に決着するまでに十年という年月がかかった。

私は裁判のほとんどを傍聴し、証人として出廷した回数は十回を超えた。公判での証人尋問は朝九時から十二時まで、昼休みの後、午後一時から再開して三時に休憩があって時には六時に終わることもあった。

証人はメモを見ることができず、この頃、私は海外事業本部長を兼任していてシンガポールなどに出張する機会が多かったから、時には出張から帰った翌日には法廷で証言することもあった。私にとって苦しいときだった。

警察からは私と顧問の二人は特に身辺に気をつけるよう注意されていた。というのは、ナミレイ側は私たちを消してしまえば高砂熱学工業は思い通りになると考えて、殺し屋を仕立てていたというのだ。そのため会社の出入りには裏口を使い、決まった道を通らないなど行動に気をつけた。実際に我々の身辺を狙った男をつかまえて白状させたことがあったが、一人につき三百万円で請け負ったといっていた。

海外事業の責任者としてシンガポールや香港など海外に行く機会が多かったから、そういう場所では特に注意するよう警察からは注意されていた。ホテルを出入りするときには、怪しい者はいないか、ロビーに不審な人間がいないかなど気をつけた。香港やシンガポールなどでは一人十万円くらいで殺しを請け負う組織があることは知っていたから、そういう組織に私を殺させることもあり得たのだ。実際にあった小説のような話だ。

ナミレイ事件の顚末

一審の東京地裁の判決は、昭和六十年三月に言い渡された。日本経済新聞が伝える判決内容は以下の通りである。

空調工事業界の中堅企業「ナミレイ」（本社・大阪市）の幹部らが業界最大手の高砂熱学工業の株を買い占めて業務提携を迫って脅したとされる事件で強要罪、恐喝罪などに問われた同社前会長、松浦良右被告（四十四歳）ら九被告に対する判決公判が二十五日午前、東京地裁刑事第三部で開かれた。吉丸真裁判長は松浦被告に懲役二年六月（求刑同五年）の実刑判決をいい渡した。

松浦良右被告以外の主な被告に対する判決は、同社前社長の松浦幸作被告（四十七歳）に懲役一年執行猶予二年（求刑同一年）、その他全員が有罪であった。

判決によると、ナミレイの経営の実権を握っていた前会長の松浦良右被告は佐久間被告と共謀して高砂熱学工業の株を大量に買い集めて筆頭株主となり、その地位を利用して昭和五十四年十一月から十二月までの間、数回にわたって「役員のスキャンダルを暴露する」などと同社役員を脅迫し、ナミレイとの全面業務提携を迫った。

昭和五十五年三月から七月にかけては同じ方法で「都銀にナミレイの第三者割り当て増資の新株を引き受けるよう取り計らえ」と強要。さらに昭和五十六年三月から八月の間には、ナミレイ所有の高砂熱学工業の株を高額で買い取ることを要求した。

また、松浦良右被告は経営不振に陥った殖産住宅相互の関連会社の「共栄興業」を乗っ取り、同社の幹部だった井部被告らと共謀し、「共栄興業の業績が悪化したのは殖産の責任だ」と同社役員を脅迫。昭和五十六年一月に三億二千五百万円に上る損害賠償金を支払う約束を取りつけ、これと相殺させる形で同社が東京・渋谷に所有していたビルを三千万円の価格で強引に買い取った。

ナミレイ側は全員が有罪となり、裁判はわが方の完勝だった。松浦兄弟ら八人の被告は判決を不服として控訴したが、二審の結論も同様であった。一審の段階で私が確信したのは、相手は必ず控訴するということだった。事実、高裁におけるナミレイ側の主張のひとつは「脅迫などの事実はなく、交渉は極めて友好的だった。その証拠に石井は海外出張時に餞別を受け取ったではないか、そのため帰国したらお土産ももってきた」というものであった。思った通りだった。それは次のような事実があったからだった。

当時ナミレイはエジプトで施工工事をやっていたが、私にその進行状況を見てくるようにという。そのため松浦が「ちょっと来い」という。忘れもしない、昭和五十五年五月十五日、出発の日の昼過ぎだ。

会社を訪ねると「餞別だ」といって分厚い百万円ほど入っていそうな封筒をテーブルの上に置いて、持っていけという。松浦の隣には怖そうなやくざの親分風の男が座っている。「そんなものはもらえません」と断わると、「そういわずに持っていけ」と無理やり押し付けるので、「まあいいや」と思い直して中身に触れずに持って帰った。どこかに保管する時間はないから、その封筒を腹巻の中に入れて、旅行中ずーっと持ち歩いていた。この金に手をつけたら必ず引っ掛けられると思ったからだ。

地裁ではこの件を伏せておいたが、高裁ではこれを証拠として提出してあった。法廷で初めて封が切られたのだが、時間がたっているので、封筒の角はすり切れている状態だった。『裁判長、ここに百万円あります。この通り手もつけていません』と法廷で証言した。友好的でも何でもない、相手はこういうふうに威圧を加えてきたことがはっきりし、相手の主張はぺしゃんこになってしまった。向こうは弁護士を目いっぱいの十三人も立ててきたが、我々の完勝だった。

後のことだが、最高裁の決定も出て、問題の金も含めて証拠物件を引き渡すというので受け取りに行った。「受け取った覚えはない」という証拠なのに、もらってしまうのはどんなものか。弁護士に相談すると、「そんなものもらっておけば良い。飲んでしまおう」という。最高裁の決定は下りているのだから、一事不再理の原則で問題にはならないということだ。

この会社に身をおいて私自身の最大の危機は、経営上の問題ではなくやはりナミレイ事件だった。「特攻隊で行け」といわれれば、やらなくてはしようがない。戦争には負けるは、ナミレイ事件では脅迫や裏切りにあうなど、人生の裏も表もいろいろ経験させてもらった。

最高裁がナミレイ側の上告を棄却するという決定は、私がスウェーデンに行く前日に伝えられた。十年越しの戦争が終わって、私は心からほっとした。事件に一番かかわりの深かった私にとって、大きな精神的ストレスにもなっていた。それからやっと開放されたのだ。同行する銀座和光・社長の服部禮次郎さんに、飛行機の中で「あの事件は上告棄却になりました」と報告すると、服部さんも「それは良かった」と、わがことのように喜んでくれた。

戦後処理

事件の教訓として受け止めなければならないことはいくつかある。第一にわが社の資本金がわずか十八億円だったことだ。現在でこそ百三十三億円になっているが、当時はその実績に比して余りにも過小資本だった。また、株式を上場していながら、自社の株価の動向について役員の全員が無関心だった。問題のある会社が、しかも小が大を呑もうとしてあのような事件が起きるなど思いもよらなかったのだ。

第二の反省点は、社内において経営幹部の中に勝手に自分の人事を決めるという風潮があったことだ。そのため、内部に「もう少し地位が上がっていいはずだ」「専務になってもいい」などの一方的な不満があった。自分の意見が社長に取り入れられないのはおかしい、など不満の声があった。

経営方針をめぐって経営陣、幹部社員間に深い亀裂が生じていた上に、技術部門と営業部門間の主導権をめぐる確執が事件の遠因といってもよい。そういう組織的な弱点をナミレイに衝かれ、社内から向こう側に取り込まれる人間が出ていたのだった。

このような反省があったから、事件の終結後、経営陣の融和を図るとともに、役員定年制度の導入、昇任者選抜試験などを実施した。そのため、事件が落着した後も、ナミレイ側と気脈を通じて動いた専務も敢えて辞職させずに残し、同調していたほかの社員についても責任を問うようなことはしなかった。そんな社員を私が社長になってからも引き続き抱え込んで働かせてきたわけだ。

事件後、ナミレイ側から買い集めた株をわが社で買ってくれないかというアプローチがあった。そんな話に表向きは乗るわけにはいかないが、大量の株は回収しなければならないので、ダミー会社を仕立てて、三菱銀行、富士銀行などいろんなところを迂回させて買い取った。こうして集めた株を安定株主工作として日本生命に持ち込んだこともある。

このときも私が直接会長に面会して株の引き取りを依頼した。わが社の株は当時一株三百五十円前後だったが、これを五十万株買って欲しいと申し入れたところ、会長は「こういう場合は一割くらい値段を引くものだ」という。そういう慣例は知っていたが、私はとぼけて「私は機械工学科出身だから、そういうことはわかりません」というと、会長は笑いながら聞いていたが何もいわなかった。結局そのままの値段の三百五十円で引き受けてくれた。

第一生命にも一人で行って同じ条件で引き取ってもらうことに成功した。要は安定株主対策、そのための株の持ち合いをするのだ。今ならばわが社は五百億円ほどの内部留保があるから、それで自社株を買ってしまえばいいが、そうやって安定株主をつくった。これも事件の教訓だ。

わが社は資本金十八億円で、発行株式も少なかったことから買い占めにあったのだが、資本金が多ければ簡単に買収されることはない。そのため発行済み株式数を増やし、財務体質を強化する必要があった。しかしどうやって増やしていくか。私の発意でスイスフラン建て転換社債を発行することにした。外国での転換社債の発行は業界では始めての試みだった。わが社が第一回に募集したのは二十億円で、その半分を資本金に繰り入れることにした。資本金は合計で二十八億円になる。

チューリッヒで初めてのＣＢ発行調印式

常務会で提案したところ、「今、二十億円借金したら大変だ」と皆が反対する。それなら代案はあるのかというと何もない。つまりは、資本金を十八億円のままにしておいたら、またどこかから乗っ取りをかけられるよという話だ。誰からも何の返事もない、ということは、誰も転換社債について知らないのだ。

私は株に詳しい顧問に話を聞いたり、その方面の専門家に会って勉強していた。すると、社長が「君が二十億円責任を持ってやれ」というから、そういわれれば退くわけにはいかない。「いいですよ」ということになった。当時はこのような仕事は社長のすることとだったが、これも私が担当することになった。

社債は幹事会社の日興證券の子会社である日興スイスを使ってチューリッヒで募集することにした。部下を一人連れてチューリッヒに行き、明日調印しようという段階になって、日興が準備した相手の銀行六行がそろって断わりに来た。

わが社の業績に不安をもったらしいのだが、こうなればもう日興スイスは介在させても意味がない。私は直接インドスエズ銀行ほかをホテルに呼んで、「うちの会社はこのように業績の良い会社なのだ」ということを詳細に説明した。交渉の結果、転換社債（ＣＢ）を引き受けてもらえることになった。このニュースは日本経済新聞の一面に囲み記事で、「日の丸ＣＢ第一号」と大きく報道された。転換社債を外資に引き受けさせたのはわが社が第一号だ。

この募集がうまくいって、二回目にやったときには先方は大歓迎だった。海外での転換社債は合計五回発行した。なぜ五回でやめたかというと、これも山勘だが相手もわが社の内容をよく研究しているから、もうこの辺りでやめておこうということだ。

この結果、平成三年末のわが社の資本金と発行済み株式数は、昭和五十八年度末に比べ、それぞれ五・七倍、一・九倍へと増加した。現在では資本金は百三十三億円になっている。ナミレイ事件を契機として、前述の安定株主対策ともあいまって、経営の体質は大幅に強化されたのである。

第五章――海外雄飛のとき

「プラン'90」を四年で達成

高砂熱学工業に籍を置いて五十余年になるが、その間で一番嬉しかったのは、社長になってすぐ打ち出した五ヵ年計画の目標を四年で達成してしまったことだ。昭和六十一年四月、私は副社長から五代目の社長に就任した。その前年、六十年には日本経済は急激な円高による輸出の不振から「円高不況」に落ち込んでいた。しかし、この年のわが社の完成工事高は千百七十六億円と初めて一千億円企業の仲間入りをした。

社長に内定した直後の昭和六十一年二月、私は東京大手町の経団連会館で記者会見し、長期経営計画「プラン'90」を発表した。この計画は私が副社長のとき中心になってまとめ上げたもので、それだけに強い意欲をもっていた。

「当社を取り巻く環境は過去五年間に比べ、比較にならない大きな変化が予測される。当社は今後五年間の社外の環境変化を克服し、実りある業界第一位の企業とするため、次の経営方針を定める」

として、顧客のために何をなすべきかを追究し、高砂の伝統を基に、新しい企業文化を創造するなどの方針を打ち出したのであった。この計画はわが社を従来の空調工事会社からそれ以外の分野にも対応できる総合エンジニアリング会社に発展させる意図も秘めた野心的な計画だった。

そんなこともあって、従来の経営計画でとってきたローリング方式をやめ、業績目標を固定目標計画として策定した。トップの不退転の決意を示す意味から、あえてこのような方式を採用したのだ。五年後の最終年度（一九九〇年度）において受注高を千八百億円、売上高を千七百億円、経常利益を昭和六十年度の二・六倍の七十三億円とする強気の計画だった。

こういう数値を設定して役員会（常務会）に諮ったところが、役員全員から「到底こんなものは達成できるわけがない」と反対の声が上がった。しかし、私はそれは違うといった。初めから達成できる「計画」というのは計画とはいわない。今までの計画というのは、大体できるであろうという数字を盛り込んで目標を設定する。それは予定というのだ。計画というのは大体できないことが当たり前で、一生懸命やっても「八合目」あたりまでしか達成できない。しかし、その目標に向かって努力することが重要なのだ。

役員連中は、「うちの仕事のように工事が二年、三年にわたるところは、計画を立てても五年先は見えない」と反対した。それは私だって先は見えないというのだ。そのあたりについては、私も「山勘」でやった。そうはいっても、もちろんある程度の裏づけがあってのことで、成算もあった。国内、国外の経済動向などは調査機関を利用して調べ、そうして集めて分析した結果に基づく計画だった。私は反対を押し切って、「良いからやれ」とこの計画をそのまま通した。これがうまくいった。四年後、受注は計画より四百億円多い二千二百億円、経常利益は計画を三十三億円上回って百六億円になった。

十八億円という過小資本のため株の買い占めといういたずらをされたこともあって、このような強気の目標を設定したのであった。それがその通りに実現してしまった。これには計画策定当時には予想もしなかった内需主導の大型景気が、わが社だけではなく多くの企業の躍進の背景になったという側面もあった。長い不況に苦しんできた建設業界も、都市の再開発、超高層ビル、インテリジェントビルなどの大型工事によって、民間工事の受注額が前年度の数十パーセントも増えるという活況を呈していた。

当時はバブル経済が頂点に向かって登りつめていく時期で、仕事の発注を受けるときは「新製品を作る工場だからとにかく早く」という注文だけだ。どの発注主もいくらかかるかなどというけちなことはいわない。間に合えば良いというわけだ。もうあんな時代が来ることは二度とないだろう。そういう時代だった。

この計画を発表した当初、社の内外から「狂気の沙汰」だと受け取られた。それはそうだろう。実績の三倍くらいの利益を設定して、二十年くらいはかけて達成する計画なのに、五年どころか実際は四年で目標を達成してしまったのだ。それでも計画通りに五年は続けろと檄(げき)を飛ばして業績を伸ばした。そのかわり五年目はそれ以上の増加は求めず、現状維持ということにした。無理を重ねてはいけない。

おかげで計画達成の翌年には社員が三年分の給料をもらった。六月と十二月に一年分の賞与をもらうのだから、四年分だ。こんなに儲かって良いのかと思ったものだ。計画が図に当たり、社員にこうして報いることができたことが何よりも嬉しかった。

「プラン'90」の次には三年計画を立て、これも楽にクリアした。それ以前にも、前述したようにCBを発行するなどの手も打っていたので、資本金は最終的には百三十三億円になっている。

バブルの恩恵

私が社長に就任した昭和六十年は、まだ日本の景気は良かった。先述した「プラン'90」

が四年で目標を達成してしまったのも、バブルの恩恵をこうむっているところが大きい。大ざっぱないい方をすれば、歴史上何度か現われたバブルとは、実体を超えた泡沫景気である。平成四年度の経済白書は平成のバブルを「株価と地価が経済の基礎的条件（ファンダメンタルズ）と整合的な水準を上回って高騰する状態を示す」と定義している。

昭和六十一年十二月に始まった「平成景気」は、経済指標の取り方によって見方が分かれるが、約五十ヵ月続いた。その頃はいわゆる箱物をたくさん造った。大規模なビルや工場、研究施設だけではない。都道府県の○○会館、○○ホールや新奇な設計の建築がそれこそ雨後のたけのこのように各地に建てられ、我々の仕事も手一杯の状態が続いた。ホテル、リゾート施設などを中心とする一般空調工事が増加したことに加え、クリーンルーム設備を含む工場の空調工事の受注が増加した。

平成三年度には、受注工事高が前期を十五パーセント上回る三千五十八億円に達し、初めて受注が三千億円を突破した。

バブル期にそういう施設は全部造ってしまったから、今では必要ない。大規模なリゾート施設やゴルフ場など、あの頃競って開発・建設されたものが、今外資に買い叩かれて改めて息を吹き返そうとしているようだ。

我々のような業界では、世の中から二年くらいのタイムラグがある。すなわち他の業種より遅れて景気の影響が現われるもので、好景気はよそより二年前後遅れてやってくる。

景気が良くなって、企業が「もうひとつ工場を造ろうか」というのは二年くらいたってからだからだ。その代わり他の業種が不況に苦しんでいるときでも、我々が同じ状況に陥るのはその二年後だから、少なくとも対応策を考え、手を打つことはできる。

バブル期にはあらゆるものが溢れていたが、そんな現象を見て私は「モノがなくなったら終わりだな」という危機感をもった。物がなくなってもどんどん落ち込んでも、食うや食わずでも、我々の世代は少しも怖くないが、若い人たちに抵抗力があるかどうか心配だ。

用事もないのに海外に遊びに行き、興味を持つのはおいしいものを食べることとショッピングだけだ。誰もが海外に簡単に遊びに行けることは、それはそれで良いことだと思うが、あるところまで浸透すれば飽和状態になって落ち着くのではないかと考えている。経済が永遠に成長し続けるなどあり得ないことで、それをあの当時の日本人の大半が間違えたのは、永遠に右肩上がりに伸び続けるような錯覚をもったのだ。

我々の業界では、バブルは平成三年頃まで続いた。おかしいぞと思ったのは、わが社が手がけていた電機メーカーの半導体工場が、工場の増設計画をやめるという話が出てきてからだった。たとえば工場をひとつ建設すると総工費二百億とか三百億円といった大きな数字になるから、その空調を担当するわが社にとっても影響は大きい。

もうひとつ大きな要因というと、企業が一斉に中国などの海外に進出し、現地に工場を建設するようになったことだ。国内ではいわゆる産業の空洞化という現象が生じ、工場が海外移転してしまえば、その内装、空調などを分担するわが社の仕事自体もなくなってしまう。

したがって、アジア諸国を主とする海外事業の展開は、経済の国際化に対応して取らなければならない必然的な企業活動ではあったが、バブル崩壊による工事量の縮小をカバーするという側面もあった。

一般に、ビルや工場などの建築物は建設後十五年から二十五年までのものについて、設備類の大規模な更新による修繕が必要である。さらに建設後二十五年から三十五年までのものには二回目の、建設後三十五年以上経過した建築物については三回目の設備の更新が必要とされている。そのため、高度成長期以降に建設された建築物は順次、更新時期を迎えている。

更新が必要な理由はこれだけではない。IT技術の飛躍的な発展により、ビル自体のOA化、管理の自動化が進み、空調技術も大幅な革新があったため、それに対応する設備の更新が進められることになった。エネルギーの多様化、省力化によってコストの軽減が図れるために設備、システムの更新需要は増えている。

例えば東京本店が行なった全工事の中で更新工事の占める割合は、昭和六十二年度には十二・八パーセントだったが、平成二年度には二十六・二パーセントに達した。最近ではこの比率は逆転して、新規の工事が約四十五パーセント、更新、保守の仕事が五十五パーセントになっている。

海外事業を軌道に

わが社が初めて本格的に海外事業に進出したのは今から二十六年前、一九八〇年である。それより前、一九七六年にシンガポールに支店を開設しているが、私はこのプロジェクトには関係していない。一九七〇年代になると、日本のメーカーは堰（せき）を切ったように海外に進出していった。家電、自動車などが中心で、主たる動因は進出先の国々の安い労働力にあったが、各国の経済発展につれて生活水準も上昇し、消費市場としての価値も高まってきたためであった。進出先は東南アジア、特にアセアン諸国がその対象だった。

シンガポールは面積六百平方キロ余り、淡路島ほどの大きさの島である。人口は中国系、マレー系、インド系などおよそ三百万人だが、かつてのイギリス植民地で、英語が共通語である。国民の教育水準も高く、一九八〇年代に国の産業をハイテク、ＩＴ産業にシフトして急激に発展し、アジアの金融センターのひとつになっている国である。このような国に支店を開設したことは、わが社の海外戦略としては間違いではなかった。

生産拠点をアジアへ移転する典型的な例として語られるのが、音響機器メーカーのアイワの場合である。同社は一九七〇年代前半からシンガポールに工場を開設しているが、プラザ合意による円高が進む一九八〇年代半ばからは、さらに思い切った戦略を展開する。日本国内の生産設備を全面的にシンガポールに移転し、通貨の安い地域で低コストで製品を作るノウハウを開発し、世界中に輸出を伸ばした。日本企業、とりわけ輸出に頼るメーカーはこのような方式にならい、海外に進出を急いだ。

現地に工場が作られれば、その空調工事の需要が生まれるから、わが社にとっても海外に目を向けなければならなくなるのは自然な流れでもあった。こうした状況から、シンガポールに東京本店の駐在事務所（後に支店）を開設したのは一九七四年であった。わが社は先のアイワの生産設備の全面移転にあたって、同社のシンガポール工場の工事を一手に受注したが、駐在事務所は現地での工事をサポートする役割も負っていた。しかし、私が海外事業本部長に就任したときには、シンガポール支店は大幅な赤字を抱え込んでいた。

当時私は常務だったが、一九八〇年三月の常務会の席上、海外事業を強化するために本社に海外事業本部を設置し、東京本社が所管していたシンガポール支店を同事業本部に移すことを提案した。ところが会議では強い反対こそなかったものの、積極的に賛成する意見もない。結局、提案した私が海外事業本部長を引き受ける羽目になってしまった。このとき私は管理本部長としてナミレイ事件の対策に忙殺されていたが、誰も引き受け手がいないのだから仕方がない。

いったん海外事業を始めてしまった以上、中途半端な形のまま続けているわけにはいかない。それに私には、この分野は将来必ず大きな事業の柱になるという確信があった。当時、日本の設備会社が進出していたのは香港くらいのもので、その他の地域はほとんど手付かずの状態だった。もし今わが社が進出すれば、他社に先んじることができる。もうひとつ、欧米企業が労働力コストの安いアジアに進出する動きが出てきていた。これらの企業から仕事を請けることもできるという読みがあったのだ。

ここに支店を開設した責任者は当時の東京本店の幹部なので、その理由を私は知らない。しかし、課長クラスの人間を一人送り込んでやっていたが、「うまくいっている」という報告を鵜呑みにするだけで、誰もシンガポールへ行って実情を確かめた者がいない。どうも余りうまくいっているとは思えないのだ。そこで監査役に「現地を見て確かめてくれ」というと、四、五日間行って帰ってくると、「大丈夫ですよ」という返事だ。

それでもどうもおかしいので、「俺が直接行ってくる」と乗り込んだ。帳簿を全部出させて洗ってみると二億数千万円の赤字だ。駐在員は在留邦人仲間の決まった相手と毎日ゴルフばかりやっていてろくに仕事をしていない。

そればかりではない。支店は住友商事と営業契約を結び、同商事に仕事を取ってもらうかわりに支店が行なうすべての工事について、工事代金の三パーセントの口銭を払うことになっていたのである。その未払い金が一億八千万円にも達していた。それも、将来にわたって工事を行なうたびに口銭を支払わなければならないのであった。

進出当初はシンガポールの建設市場の事情がわからず、工事確保に不安があったためにこのような契約が結ばれてしまったらしい。採算割れの赤字工事でも、工事を行なうたびに商社側に手数料を払わなければならない、一種の眠り口銭のようなものだった。このような契約がそのまま続くとすれば、支店の業績が改善するはずはない。私は担当者を交代させ、私自身が住友商事とこのような契約を解消する交渉に当たることにした。

商社側にとっては、これほど有利な、「おいしい」契約は手放したくないところだ。しかし、意外に簡単に契約の解消に持ち込むことができたのは、「海兵人脈」のお陰であった。住友商事を訪ねてみると、相手の人間は兵学校七十五期の同期生だった。それならざっくばらんに話が進められる。

「仕事もしていないのに、一億八千万円もの口銭をとるようなあこぎな仕事をするなよ」

「そういわれても、帳簿に載っているのだから、契約に基づいて払ってもらうしかない」

「では、半分にしてくれないか。五年の月賦で払うことにする」

「お前がそういうなら、仕方がない。まあ良いだろう」

こんな話で、同期生の相手方担当者は苦笑いしながら了承し、契約解消にも成功した。

さすがに海軍兵学校で机を並べて勉強し、苦労をともにした仲間だけに話が通じ易い。

我々海兵七十五期は、最終学年の一号生徒のときに終戦を迎え、そのため全員が生き残ることができた。一年早く生まれていれば、同期生の中からも多くの犠牲者が出たことは一期上の先輩をみればわかる。そんな事情もあって我々七十五期の結束は固いのだ。

シンガポール支店の話に戻る。支店の赤字解消に大きく貢献してくれたのが、イギリス資本の製薬会社ビーチャム・ファーマシュティカル社（現スミス・クライン・ビーチャム社）がシンガポールに新設した大型工場だ。抗生物質と注射用ペニシリンの大規模なクリーンルームを備えた工場と研究所で、総工費三十三億円以上の大型案件であった。しかも、ビーチャム社の意向はフルターンキー契約で、設備だけでなく建物も含めてすべての工事を受注してくれるところが望ましいということであった。フルターンキー契約とは、文字通りキーを回せば工場が即座に稼動する状態で引き渡すという契約である。

高砂熱学工業は、空調を主とする設備の会社であって総合建設会社ではない。しかし、この工事は受注したかった。そこで、日本設計に協力を要請することにした。同社の池田武邦社長は海軍兵学校の三期先輩であり、ここでも快く設計を引き受けてもらった。そこまで手を打ったところで、私は単身、ビーチャム社の本社があるロンドンに飛んだ。

前にも述べたが、私は通常出張などは国内外を問わず、一人ででかける。秘書も連れず、飛行機のチケットやホテルの予約、相手方との連絡などもすべて自分で手配する。自分でできるのだから、その方が面倒がなくて早い。「指揮官先頭」の精神だ。このときも私は一人で出張した。

ビーチャム社の本社はロンドン郊外にあって、連絡をとると副社長が会ってくれた。私は通訳なしでこちらの提案を説明した。細かな数字はすべてメモにしておき、それを確認しながらわが社の利益率まではっきりと提示した。私の英語は決して上手ではないが、心を込めて二時間にわたって説明した。

一通りの説明がすんだところで、先方から「もう少し工事価格を抑えられないか」と求められた。欧米での入札では、落札した場合、利益率まで明らかにすることを求められ、その利益率が適正であるかどうかを専門のコンサルタント会社にチェックされることもある。ビーチャム社もそうすることがわかっていたので、私は利益率をはっきり出しておいたのである。値引きの要求に、私は次のように答えた。

「工事価格は少しも高くない。なぜなら我々の行なう工事は万全で、その結果、御社はこれから先少なくとも十年は安心して製品を作り出し、利益を上げることができるはずだ。その利益に比べれば我々が得る利益は決して過大ではないと思う」

胸を張ってこういうと、ビーチャム社のトップはその態度に何かを感じたようで、それ以上何もいわなかった。話し合いが終わると食事に誘われたが、私はロンドンで友人と会う約束があるという口実で、せっかくのお誘いを断わった。二時間に及ぶ気を張った話し合いの後、さらに英語で会話をしながら食事をすることがさすがに億劫に感じられたのだった。

しかしこの会談の結果、落札できるのは確実だとの感触を得た。数ヵ月後の一九八二年七月、わが社は入札に参加した競争相手のイギリス企業数社を退けて、工場建設契約を獲得した。

適正な利益を求めるのはビジネスである以上当然だが、だからといって浮利を追うような行為は相手方の信頼を損ねるものだ。三十そこそこの技術者だった頃、当時の小林社長から「むやみにもうければ良いというものではない」とたしなめられたことがあったが、その意味と同じである。契約獲得はわが社の高い技術がビーチャム社側に信頼された結果であったこともいうまでもない。

これより先、シンガポールの現地会社に挨拶をしたが、このときもひとつ手を打っていた。現地の幹部の家族構成を調べておいて、子供たちのお土産を用意したのだ。蔵前のおもちゃ問屋街へ行って、男の子にはラジコンカー、女の子には大きなぬいぐるみの人形を買い込んで持参したのである。その土産ものを持って、私は午前中にビーチャム社幹部たちの自宅を回ったのだ。主人は当然不在だから、夫人たちに土産を渡して挨拶すると彼女たちは大喜びだ。午後に会社を訪ねると、もう家族から連絡が入っている。

もちろん、そんな手土産で大型案件の契約が左右されるはずもないが、少なくとも高砂熱学工業という会社に親近感はもってくれるだろう。そう私は考えたのだった。

ビーチャム社の仕事で得た利益は大きく、シンガポール支店の赤字は全部帳消しになった。それが現在の同支店の基礎になっている。わが社の海外事業の端緒となり、やがて東南アジアの各地に進出して現在に至っている。わが社は製造業のように海外に何百億円もの工場施設などの物を置いているのではなく、取引先は現地に進出している日本や欧米の企業ばかりだから大きなリスクはない。そうはいっても、海外進出はどこまでリスクを負えるかという経営者の決断だ。

シンガポールは、高砂熱学工業が海外でのビジネスを最初に学んだ場であり、海外要員を育成する場にもなった。ここで育った社員は、今では海外各地に展開する事業拠点で実務を担って活躍している。

提携の秘訣

タイのバンコクに現地法人のタイ・タカサゴを設立したのは一九八四年、マレーシアのT・T・Eエンジニアリングに次いで二番目であった。インドシナ半島の中心部に位置するこの地に拠点を築くためだった。先述したように、一九八五年のプラザ合意により円高が急速に進行するのに伴い、日本企業のアジアへの直接投資も急激に拡大していった。

プラザ合意とは、一九八五年、ニューヨークのプラザホテルに先進主要五ヵ国の蔵相が集まり、アメリカのドル高を是正するために各国が外為市場に協調介入することを決めた会議の結論である。この合意に基づき、各国がドル売りをした結果、円相場は合意前の一ドル＝二百四十円前後から急騰し、一九八六年の年明けには二百円の大台を突破した。

その後も円高・ドル安に歯止めがかからず、後には瞬間的だが一ドルが八十円を割る事態にもなった。円高は輸出製品の価格にはね返り、国際競争力を低下させる。こうした情勢に対処するために、国内のメーカーはコストの安い生産地を求めて海外へ生産拠点を移転し始めるのである。一方、政府・日銀は輸出産業への悪影響に配慮して利下げに踏み切り、低金利による企業の金余りが土地、株に向かい、空前のバブル経済を現出することになった。

わが社がタイに現地法人を立ち上げたのは、こうした変動の直前という絶妙なタイミングだった。

タイでは外資の直接投資が規制されており、現地法人は合弁でなければならない。そのため、信頼できる現地のパートナーを探す必要があった。当時、私は専務取締役になったばかりだったが、例によって行く人間がいないから、私が一人で飛んだ。

バンコクではエラワンホテル（現グランドハイヤット・エラワン）に宿をとった。タイ政府の経営するホテルで、天皇陛下も皇太子時代に宿泊された最高級ホテルだ。そういうホテルを宿泊先に選ぶのは、個人的に贅沢をしようということではない。そのようなホテル

1985年、海軍兵学校の同期、小松公平氏（右）と（京都「富美代」にて）

1990年、プロ野球ＯＢと財界人のチャリティーゴルフ

を利用するきちんとした会社であると、相手に思わせる効果があるのだ。

そこを拠点にパートナーを探すことにしたのだが、ある日、私は思いついてフロントの女性を昼食に誘って聞いてみた。バンコクでナンバーワン、ナンバーツーの空調会社はどこか。すると彼女はたちどころに名前を挙げた。断わっておくが、私は女性なら誰でも誘うというわけではない。彼女には媚びた態度がなく、信頼できそうに見えたからだ。それに、ホテルのサービスフロントに勤務する女性なら、英語はできるし、かなりの知識をもっているものだ。

私は二番目に挙げられた会社に興味をもった。その会社を経営していたのは、後で調べてみると、タイ王室で侍従長を務めた人もいるという名家の一族で、不動産を中心に手広く事業を経営している人物だった。経営する会社の中には設備工事の会社もあった。私はナンバーツーということが気に入ったのだ。ナンバーワンの会社はもっと大きな会社だったが、出来上がった最大手の会社と組むより、二番目と組んだ方がいい。

そこで、教えられた会社とコンタクトをとり、ホテルのスイートルームを用意して面談して合弁の話をまとめたのだ。タイ側資本五十一パーセント、高砂熱学側四十九パーセントのタイ・タカサゴはこうして立ち上げた。私のビジネスはこういうやり方だ。後に税務当局が「出張でスイートルームを使うのは経費に認められない」といってきた。「それならお前たちが海外へ会社を立ち上げてみろ」といってやったら、税務署は一言もなく引き

1995年、富士銀行頭取（当時）、山本氏（左）とゴルフ

1996年、マニラ三洋電機の竣工式。右端が著者

下がった。

この提携は成功して、着実に実績を積んでいったが、それというのも、最初に井戸を掘った人を大事にするという精神でつき合っているからだ。そういう人間関係の上に、ビジネスは成り立っていくものだ。

こうして海外事業を拡大していったが、どの地域でも事業が軌道に乗るまでには山や谷があった。現在、高砂熱学工業の海外支店や駐在員事務所、現地法人は、シンガポール、マレーシア、タイ、香港、中国、台湾、インドネシア、フィリピンの八つの国と地域にある。海外事業部門の利益は現在では大阪支店や名古屋支店をしのぐほどで、経営全体の中でも海外事業は大きな収益源になっている。

アジア経済にとって世界の工場と化しつつある中国の動向は重要だが、日本ははっきりした姿勢を持って対応しなければいけない。戦争責任の問題を引きずり、南京虐殺三十万人などという偏った報道が日本のマスコミでも行なわれ、中国側からは首相の靖国神社参拝へ文句がつけられるような状況だが、喩えていうなら人が自分の信じる家の神様を拝むのによその家から指図されることはないということだ。

中国と台湾の関係を考えてみればわかることだが、両国は表面上激しく対立しているが、台湾の企業は大量に中国に進出して、台湾のビジネスマンの行き来も盛んだ。彼らはビジネスの場で政治の話はしない。それと同じことで、日本が中国を相手にビジネスをするときも政治と経済は区別すべきもので神経質になることはない。中国は確かに沿海部の成長は著しいが、上海から車で三時間も内陸部へ入ると、そこには我々が小学生の時代に見たのと同じ風景がある。そういう国だから、一面的に見ると誤ることになる。

わが社は一九九七年に香港の現地法人を通じ、中国の中国機械工業安装公司（CMIIC）と提携関係を持つことになった。同社の社長は中国の国会に当たる全国人民代表大会の代議員でもあり、従業員一万人以上という国営企業である。我々の側が相手の技術を学ぶものはないが、提携によって中国国内の情報、特に政府機関や顧客の情報が入るメリットがある。私は覚書の調印式に出席しスピーチした。

「私は海軍兵学校を卒業している。共産主義も好きではない。しかし、今回中国に来たのはビジネスをするためで、その他のことは一切考えていない。お互い協力し合って、双方にとっていい結果を生むよう努力したい」

こう挨拶したのだが、率直な発言は相手方から感心され、歓迎されたようだ。ビジネスの場なのだから、主張すべきことは率直に主張しなければいけない。相手はわが社の高度な技術が欲しい。すぐ技術移転を求めてくるが、肝心の重要な技術はブラックボックス化しておかなければいけない。自社の根幹となる技術など安易に提供できるものではない。

中国の労働力コストは低いから多くの企業は進出しているが、やがて労働力は不足し、コストも上がる。高度な教育を受けられるのはごく限られたエリートで、全員がそうなれるわけではないが、大学卒業者は優秀だ。残念ながら、同じ年代の日本人と比べるとはるかに優秀だ。一生懸命によく働くし、日本語が上達すれば給料も上がるから、彼らは給料をさいて自分で日本語を習いに行っている者が多い。かせぐためには一生懸命なのだ。

海外ビジネスでの心得

日本企業の海外進出、言葉を換えれば海外移転は、前にもいったように一九八五年のプラザ合意以後の円高が拍車をかけて急速に進んだ。その速度は私自身の予測を上回るものだった。産業の空洞化の危機が叫ばれるほどのこうした趨勢を黙って眺めていたら、わが社が国内に取り残される可能性もあった。日本メーカーと歩調を合わせて海外に進出し、同時に外国企業や現地資本とも提携して仕事をすることは時代の流れであった。

そうして海外で事業を展開してみると、そのマーケットは現地の日系企業に止まらず、そこに進出している欧米系企業にもあることがわかる。東南アジア諸国の産業も急速に育ってきている。グローバル化に対処するということは、このような流れの中で競争しつつ生き残っていくということである。

現地の責任者に大きな権限を持たせて、ビジネスのスピードを速めることも必要であると思う。いろんな工事で何でも日本人が中心になってやっていたら、彼らはいつまでたっても日本人に使われているだけで、面白くないという感情をもつ。権限を与えて現地の人たちに任せていかないと、第一コストが合わない。海外で事業を成功させるためには、現地の人たちに任せることも必要であることを、私はこの間、体験的に理解した。

現地法人で働く人たちも次第に昇進し、例えばタイの合弁会社では勤続二十年にもなる女性マネジャーがファイナンスも担当していて、彼女のサインをもらわないと社長といえどもお金が使えないほどだ。高砂の関連企業には勤続二十年などという人が何人もいる。ぼちぼち辞めてもらわないと、というのは冗談だが、それくらい多い。

ともかく、誠実に接することだ。時には食事をするなど個人的なコミュニケーションをよくしておくと、会社の経営においても円滑に運ぶもので、私は海外事業を手がけるようになった二十六年前からそれをやっている。

その一方で、今述べたこととは矛盾するようだが、気をつけなければならないことがある。あるゼネコンが香港に設立した現地法人でおかしなことになった。現地に優秀な人間がいて、日本人の支社長は仕事を全部彼に任せていたという。その現地採用の人物を信用していくらでも仕事を取ってくるやり手の人物だ。何しろ日本語はぺらぺらで、任せきりにしていたが、あるときとんでもないことになっていることがわかった。

日本人の社長も知らない間に会社の金を好きなように動かされ、香港現地法人のその会社の株は大半がその男に買われていたのだ。今ではその会社は問題の人物のものになってしまい、日本から派遣されて社長を務めていた社員は、本社を辞めて乗っ取られた会社に入り直し、その男の下で働いているという。こうなると喜劇だが、他人事と笑っていられない。

心しなければいけないのは、日本人が十人でかかっても商売は中国人にはかなわないということだ。その中国人が十人でかかってもインド人にはかなわず、インド人が十人でかかってもアラビア商人にはやられてしまうという。そんなことわざがある。だから、わが社の幹部には「君たちも十分気をつけないといけない」と言っている。

海外へ出るときもそうだが、ビジネスにおいて一番大事なことは情報の収集だ。そういう状況では、海軍兵学校で受けた教育は役立っていると思う。

海外でビジネスを展開しようとするなら、まず進出先の銀行、商社を使うなどして手を打つと、いろいろなことがわかってくるものだ。それから、自分が行って実際に現地を見、見てきたことを頭に入れておく。つまり偵察だ。大体、海外に行ってその土地のものが食べられないようではだめだ。その点、私は軍人としての訓練を受けている。タイアップの相手などもそういう方法で見つけるのだ。

海外でのビジネスでは、外国人に対して威張らずへりくだらず、すべて対等の付き合いを心がけなければならない。

第六章――技術革新の時代

日本初のクリーンルーム

近年の技術革新のスピードは、ＩＴ革命という言葉がまったく違和感がないほど激しく急である。コンピュータ、通信技術の発達を基礎として産業構造は大きく変わってきたことが、身の回りにあふれる様々な商品を見ていても実感できる。ＩＴ、エレクトロニクス技術、工学技術、バイオ技術を駆使した新しい商品が次々に誕生し、新しい産業も育ってきた。そのような製品のほとんどが、微細加工を基本とする製造工程を経て作られる。空気の中の目に見えないチリや細菌は、製品の品質に大きな影響を与える。

味噌や醤油、酒などの醸造業では、昔から雑菌の混入を嫌ってきた。そのような〝古典的〟な食料品、調味料だけではなく、写真フィルムや磁気テープなどのフィルム産業も、異物の微粒子の混入を排除することが絶対の条件である。空気中のゴミはもちろん、容器や製造装置そのものの清浄化や供給する薬品、原料、水の清浄化など、クリーンルームを主とするクリーン化技術が重要度を増している。従来の空調工事だけではない我々の活躍分野が広がっているのだが、この方面の技術でもわが社は先鞭をつけたと自負している。

クリーンルームを正確に定義すると、「ある部屋の空気中のゴミ・微粒子および微量ガスの量とその成分、その部屋の圧力、温度、湿度、騒音、照明、振動、気流の分布とその形状と速さなどを一定の範囲内に制御するために、積極的な措置を取っている部屋」ということになるだろうか。

単純にいうと、クリーンルームには濾過器(ろかき)をおいてそのフィルターに空気を通してチリを排除するのだが、その濾過器がミソだ。ここにも独自に開発した技術が詰め込まれている。チリの中には機械を動かしたときに発生するガスのチリもあるが、そういったガスも吸着する装置だ。その歩留りが良いほど製品の性能が高いということで、こうした設備が半導体のような精密機器の製造などには欠かせない。

微粒子の単位は、人間の髪の毛の太さ(百ミクロン)の約千分の一の粒子で、一般の空気調和用のエアフィルターでは完全に取り除くことは不可能である。その上に、清浄な空気を供給することのほかに、室圧制御などにも注意を払わなければならない。

このような条件を満たしたスペースがクリーンルームで、大別すると工業用クリーンルームと微生物の汚染濃度を制御するバイオロジカル・クリーンルームがある。わが社ではこのクリーンルームという言葉が世間に普及する以前から、各種の工程空調で清浄化技術を採用している。

クリーンルームの精度は単位容積当たりのゴミの量で判定するが、要求される精度はだんだん高度化し難しくなってきている。単位容積当たりに〇・五ミクロンのゴミが一万個あれば、そのクリーン度をクラス一万という。満員電車の中のゴミは大体百万から二百万個程度だ。クラス一万を千にし、さらに百、十にする。クラス零にすることは技術的には可能だが、そのためには非常に金がかかる。精密製品を作る工場では、大体クラス千くらいの精度で良いとされる。

その測定には人間が入ってするとゴミが発生してしまうので、ロボットを使って行なう。今では、製品を作ってもそれを人が運ぶのではなく、エアシューターでゴミのないところを移動させる。こうした細かい技術は将来無人化していくだろう。そういう装置の設計、製造もわが社が最も得意としているところだ。

わが社は初期のIC工場の清浄化施設を造ったこともある。ハイテク工場のクリーンルームを手がけたのもわが社が最初だった。この技術は元々はアメリカのNASA（航空宇宙局）が考案したもので、その特許をエンバーコ社という会社が持っていた。わが社はその会社と交渉してノウハウを手に入れ、試みに本社の裏庭の駐車場に模型ルームを造った。

それがクリーンルームの最初だ。

四、五年間はどこからも注文がなかったが、そのうちに少しずつ工場にクリーンルームを設置してもらいたいという注文が入り始めた。先端の技術は少しでも経験のあるところが有利で、これがまた忙しくなってきた。この事業が稼動し始めて五年ほど経ってから、「そういえば特許料はどうなっているのか」ということが社内で問題になった。実は一銭も払っていなかったのだ。

そこでまとめてライセンスフィーを払ってやろうとしたのだが、エンバーコ社はよその会社に吸収合併されてどこにあるのかわからない。合併の相手の会社はどこかの企業グループの子会社のようだったが、払う相手がなくなってしまったのだ。だから、未だに特許料を一銭も払っていない。

初期の開発段階には、このような牧歌的なエピソードもあった。今やクリーンルームはIT、精密機器の製造には欠くことのできない施設だが、これらの機器に欠かせない半導体の性能も急速に向上し、ICからLSI、さらにはVLSI、ULSIへと高集積化が進んでいる。こうした高集積化に対応するクリーンルームも、性能の高度化と大量生産のために工場の大型化が進み、それに伴ってわが社が施工する工事例も数が増え、一件当たりの金額も巨額になってきた。

この分野に進出したのは、国内の企業の中ではわが社が最も早かったが、やがて同業他社も進出してきた。まだ各社とも技術力が確立していないころ、韓国のサムソン電子から引合いがきた。自社のＩＣ工場にクリーンルームを造りたいという。

最初は自国の会社に発注してそれらしいものを造ったのだが、いざ稼動させたところ不良製品が高率で発生してとても割が合わない。基準を超えた製品ができないから動かしても採算が取れないので、わが社に造り直してもらいたいという注文だった。

その契約の詰めの交渉には、私も何度か韓国を訪ねてサムソンの首脳と会談した。工場を建て直すことになり、サムソン側のそれぞれの現場責任者と打ち合わせる必要ができた。こちらは韓国語のできる通訳を用意してレクチャーしようとすると、彼らはその必要はないから日本語でやってくれというのだ。教えを請う立場だからと、彼らは日本語を勉強して用意していた。私はその姿勢に感心した。

一九九〇年代の初めまで、半導体の生産でサムソン社が手本としたのは日本のメーカーだったが、今ではその立場は逆転している。フラッシュメモリー、大規模集積回路などの生産量では韓国の方が多く、サムソンは日本の大手五社の合計を上回る大規模な設備投資を行なおうとしているほどだ。

クリーンルームを含めて、サムソンの工場の空調設備は当初はわが社が全部手がけた。その過程で彼らも技術的に成長して今では自前でできるが、半導体分野におけるこのような同社の躍進に、わが社はその草創期の頃、クリーンルーム建設という形で貴重な貢献をしているといってもよい。

ドーム球場

成熟した消費社会は大衆の趣味の多様化を促し、スポーツ、興業などのレジャー部門にも大きな変化を生じさせている。日本最初の屋根つき球場として知られる東京ドームが竣工したのは昭和六十三年である。

この建造物はそれまでの建築とは趣が違い、屋根の代わりにテント状の膜が張られている。容積百二十四万立方メートルの空気膜構造は、空調装置を稼動させて空気の圧力で膜を膨らませて支えているのである。それだけに、我々空調業界の役割は重要であった。この事業には空調関係の工事だけで同業八社が共同企業体を組み、わが社がその幹事社をつとめた。

後楽園球場のドーム化に刺激されるように、大阪、名古屋などの球場がドーム球場に建て替えられ、全国各地にドーム式の体育館などが造られていった。福岡ドームは屋根が開閉式であるところが最大の特徴だが、この工事でもわが社は幹事会社をつとめて完成させた。その竣工式には私も出席し、ダイエーの当時の総帥中内㓛氏と親しくこのドーム球場の完成を祝ったものだった。

ダイエーはその後、本業のスーパーマーケットが不振を極め、産業再生機構によってリストラ、再生の道を選ばざるを得なくなった。責任をとって経営の第一線から退いていた中内氏も、昨年（平成十七年）夏、鬼籍に入られた。福岡ドームも今ではヤフードームと呼び名を変えている。福岡ドーム建設の頃を振り返ると、感慨ひとしおである。

ドームのような建築物が増えたように、ある時点で技術が急に変わる技術革新の時代だ。その技術の中でも、今の主眼は省エネルギーにある。限りある資源を有効に利用し、同時に地球環境の保全に務めることが急務であるという認識があるからだ。空調設備でいうなら、「こういう冷房でここまで冷やせます。さあできましたよ」というだけではだめなのだ。そこに到達するために、以前のシステムに比べてどれだけエネルギーを減らしているか、環境への負荷が少ないかが問われる。これが大きな目標になっている。

環境、省エネへの取り組み

平成十六年の日本列島は立て続けに台風の襲来に見舞われた。一年を通じて本土に上陸した台風が五個、近年にない現象であった。

十七年の夏には、カリブ海域、アメリカでハリケーンが多数発生した。全部で二十数個という多さであった。いくつかの巨大ハリケーンは猛威を振るい、私がかつて遊んだ地であるニューオーリンズの町は、市街地全体が水没するというこれまでにない被害を被った。ハリケーンは連続して発生してメキシコ湾岸を襲った。ヨーロッパアルプスの北の地域では、降り続いた大雨のために各地で河川が氾濫し、大きな被害が出た。

このような異常気象、天候的な異変は地球規模で発生し、それも年々増加の一途をたどっているように思う。明らかに地球がバランスを失っているため、というよりも狂い始めているためだ。

その原因として考えられるのは、地球の温暖化という現象である。そして、その温暖化を惹き起こしているのが人類の活動なのである。オゾン層の破壊による地球環境の温暖化、酸性雨、熱帯雨林の破壊、砂漠化など、こうした現象として現われてきた生態系の破壊は「地球環境問題」として人類共通の大きな課題となっている。

一九七二年スウェーデンで開かれた国際人間環境会議は、環境問題を人類に対する脅威としてとらえ、国際的に取り組むことを決議した。一九九二年にはブラジルで開催された地球サミットで、環境と開発の調和を目指した「持続可能な開発」を環境保全の基本的概念とする国際合意を得た。わが国でも環境基本法を制定するなど、こうした状況に対応する政策が進められてきた。

一九九七年には京都で開かれた国際会議で、温暖化ガス排出量削減の国際目標を定めた京都議定書が採択され、昨年（二〇〇五年）二月に発効した。次世代のためにより良い環境を残すことは、現在を生きる我々にとって大きな義務といわなければならない。このような思潮が深化する中で、わが社もより一層、地球環境に配慮した事業活動に取り組むことになった。

わが社は創立以来、エネルギーと資源の有効利用による優良な環境作りに務めてきたが、その仕事はいわゆる空調の設計工事だけではない。環境浄化の分野にもわが社が大きく関わっていて、それがいわば「メシの種」のひとつでもある。

たとえばそのような仕事のひとつに脱硫装置がある。石炭を燃料としてボイラーを焚くと硫酸が発生し、それが上空に達すると酸性雨というものになって降ってくる。そこで、排出する硫酸を煙突から出る前に、浄化装置を取り付けて除去してしまうのだ。それが脱硫装置だが、こうした環境問題、大気汚染に対する取り組みが遅れているのが中国だ。いずれは中国をマーケットとして大きなビジネスになってくるだろう。

空調事業については国内的には横ばいだ。主要な八社が仕事を分け合ってやっている状態だが、その中でもそれぞれに得意分野というものがある。現在わが社が力を注いで研究しているのは水素燃料の実用化だ。

水素エネルギーは二酸化炭素を排出せず、自然界にほぼ無尽蔵に存在するため次世代のエネルギーとして注目されている。水素を燃やすのだから、排出物は水だけで環境にはまったく問題がない。水素を発生させてそれを燃料にする装置は開発したが、今の段階では莫大なコストがかかる。いかに安く経済的にできるか、その技術を開発することが課題だ。

最大の研究目標にしているのは、発生装置の軽便化と供給システムだ。発生させた水素を各ビルの水素ステーション、駐車場に水素供給スタンドを作って保存し、エネルギーを供給する。わが社の研究所で今考えているのは、そのようなステーションを、ガソリンスタンドのように各所に配置する安価で安全なシステムだ。

さらに、水素をエネルギー源として空調機器を動かす。今、日本で最大の水素発生装置をもっているのはわが社なのだが、これを企業用として実用化することが難しい。この装置で車を走らせることができても、車自体が一億円もするようではだめだ。また、水素にはステンレスなどの金属を劣化させる特徴があり、燃料電池車などに利用する場合は、貯蔵タンクの耐久性が問題になる。

わが社は今、経済産業省から年間一億円ほどの補助金をもらって、水素発生装置の開発を研究している。その水素エネルギーを使って空調をやれば、煙突から煙が出て酸性雨となって降ってくるようなことはない。エネルギー問題はこれからの大きなテーマで、わが社の研究所でも七、八人いる博士を中心にして一生懸命研究している。

これが低コストで実現できれば、次世代エネルギーとして通用する。将来的にはこの水素発生装置を各ビルに取り付けることによって、そのビルの空調はできるし、車の燃料にもなる。その装置とシステムを同時に研究しているところだ。

ガソリンに代わるエネルギーとして水素を燃料にする方法は技術的には完成している。問題はそのコストをどこまで引き下げられるか、規模を大きくするには相当のお金がかかるから、そこをどうクリアするか。もう六年ほど取り組んでいるこの研究は、外部からもだいぶ注目されている。

平成五年、わが社は「人・空気・未来をスローガンとする企業として環境保全技術と企業力を駆使し、社会の持続的発展を図りつつ、地球環境保全に寄与する」という環境経営理念を制定した。〝地球環境憲章〟と略称している。企業はそのよって立つ拠りどころとなる経営理念を持たねばならない。理念なき経営は、やがて破綻すると考えるからである。そうした考えに基づいて、私はこうした憲章作りを推進したのであった。

この環境経営理念を現実のものにするために、以下のような基本方針を定めた。

1、エネルギーの有効利用を推進する。

2、オゾン層破壊物質の使用に代わる、代替システムの開発と代替物質の利用を推進する。

3、大気汚染防止技術の開発と利用を推進する。

4、事業活動にともなう廃棄物の発生抑制と再資源化をはかるとともに、設備の長寿命化技術の向上に努める。
5、地球環境保全技術などを広く社会に提供し、国際貢献に務める。
6、地球環境保全に関する各種活動に積極的に参加する。
7、社員の地球環境意識の高揚をはかり、社員一人ひとりが身近な地球環境保全活動に参加する。
8、これらを推進するための体制を整備する。

こうした具体的な方針の下に、組織的な取り組みを行なっている。限りあるエネルギー資源は大切使わなければならない。また、石油エネルギーに代わる新エネルギーを開発し、資源の節減と環境保全に力を注がなければならない。そのための努力を社を挙げて続けてきているのだが、この分野は同時に二十一世紀の巨大なビジネスとなる可能性を秘めている。そのような事業基盤を確立してわが社が発展することこそ、本来の社会貢献であると思うのだが、どんなものだろうか。

第七章――企業と人と社会

企業の社会的責任

情報通信、いわゆるＩＴ技術の急激な発展は様々な新しい産業を生み、従来の企業の経営姿勢にも大きな影響を与え始めている。その変革のスピードや変化の深さは、歴史的に展望すると第三次産業革命といっても良いと思う。これは時代の必然、社会の進歩として否応なしに受け入れ、対応していかねばならないことだとは思う。そうは思うが、我々が父祖の代から受け継いでいる優れた方式、時代がどうであれ失ってはならない志というものもまたあるはずだ。

今までの日本的企業のあり方を考えると、農耕民族的企業経営であったといえる。つまり、先祖代々大切に受け継いできた土地に、季節がくれば大事に取っておいた種籾を田んぼに蒔(ま)き、秋になったら収穫するというやり方だ。そうして余った穀物は蓄えておき、飢饉のときに備えるという経営だった。そのように、個人的にも会社としても、お金が余ったら積んでおくというのが会社としては正しいやり方だと思っていたが、突然、価値観が変わってしまった。

卑近な例を挙げると、最近マスコミを賑わしている村上ファンド、ホリエモンなる若手経営者らの言動だ。営々として築き上げた企業からその果実をもぎ取るような株の買い占めや、同じような発想のM&Aには違和感を抱いている経営者は多い。

手っ取り早く企業を成長させるためには、すでにある企業や部門を買収するとか、大量に株を集めてその力を背景に配当を増やせと迫るようなやり方が横行している。株主になったから大事にしろということだが、早い話が、もっと配当を増やせというのと同じだ。では、昨日今日なったばかりの株主を大事にして、昔からの株主はどうするのか。

理屈からいえば会社とは株主のものだ。だが、株主のものだから株主のためばかりであってよいかというと、そういうものでもない。企業には従業員がいて、戦後、労働運動が盛んな時代には「企業は労働者のものだ」という説もあったが、そこは両々あいまって成り立つものだ。

社会にある程度の影響力を及ぼす会社になると、社会的責任というものがある。そこで仕事をして生活の基盤としている従業員、そういう従業員を雇用し企業を維持発展させる役目を負う経営者、さらにその会社に出資して企業活動を行なわせている株主、それぞれに報いなければならない。

今アメリカの企業などは四半期ごとに決算をやって株主に応えようとしている。半期でも大変なのに、どうかすると毎月決算をすることを株主が要求するという。極めて短期間に業績を示さなければならない経営者は大変だ。業績が少しでも悪ければ解任されてしまう。これでは長期的見通しを持って確固たる経営はできない。そして、格好の企業があると遮二無二買収によって傘下に収める。欧米人のような元来の狩猟民族は、獲物がいる限りそれを捕らえ、倒そうとする。

私が思うに、株式会社というのは欧米の思想が根底にあって成立している。だから、欧米流の良い点を取り入れ、伝統的な日本式経営の守るべきところは守りつつ、バランスをしっかりとっていかねばならないと思う。付和雷同的に性急に変えるべきではない。

例えば社外重役制度だ。社外重役を委嘱できる立派な人はそんなにたくさんはいないものだ。無理をして社外から人を迎えるよりも、内部の人間がしっかりやれば良いことだ。執行役員制度を導入しようという意見もあるが、私は反対だ。だから現在わが社では今はやりのCEO、COOといった肩書きもない。

こうした制度は、アメリカの制度直訳の焼き直しにすぎない。アメリカではCEO、つまり最高経営責任者というのはサラリーマンとして下から上がってきた者ではなく、よそから連れてきて経営を任せている人が多い。株式会社の成り立ちが日本とは違うからだ。そういう違った企業風土のところに社外取締役、執行役員制度とか何でもかんでも持ち込んでも役に立たない。経営がうまくいっているのに、突如アメリカ式の経営法を持ち込んでも失敗するだけだ。

コーポレートガバナンス（企業統治）とかコンプライアンス（法令順守）など、最近はやりの言葉にしても、同様の意味を持つ理念は日本の経営者が本来的にもっていたはずのものだ。

にもかかわらずこうした企業が増えているが、その理由のひとつは、制度や言葉を導入すれば、「私のところは良くやっていますよ」という姿勢を社外や株主に見せられるからだ。ばかげた話だ。キャノンの御手洗富士夫社長はアメリカで勉強し、同国で長年ビジネスマンとして活躍してこられた国際人だが、同氏の会社では執行役員制度など絶対にとらない。意味がないからだと思う。

役員というと取締役も監査役も役員だが、執行役員には商法上は何の責任もない。したがって経営責任を取ることもない。株主総会ではひな壇にならんで株主の質問に答えることもできないのだ。

それならば、なぜ直接特定の部署でリーダーシップを発揮できる部長ではいけないのか。会社によっては取締役執行役員社長などというところもあるが、なぜそんな肩書きにしなければならないのか、私にはわからない。

わが社では株主総会の後で、退任する役員を歓送する食事会をすることが恒例になっているが、平成十七年の総会の後の集まりで私がしゃべったことは、一般に役員の目に輝きがないということだ。もっと輝きを出して仕事をしたらどうかといった。所管する職務以外は「俺のところは知らない」という態度が目に付くのだが、そんな考えの人間が役員などしている必要はない。

会社全体の経営に関して「俺は関係ない」というのならそれでよい。取締役部長、支店長などははずして、今はやりの執行役員にしてしまえばよいのだ。最近は大きな会社でも従来の取締役を減らしているところが多い。それはリストラの一環としての企業のスリム化の意味はあろうが、代わりに執行役員ばかりが増えている。執行役員には商法上の責任はないのだから、このような人間がどうして経営に責任を持てるというのだろうか。

私は大体、社内に作る○○委員会というものが嫌いだ。そういう場で何かの結論が出ることは少なく、何かを決めても誰がどう責任をとるのかもあいまいだ。かつてナミレイ事件で相手の会社が株を買い占めて理不尽な要求を押し付けてきたことがあったが、そのときも社内に対策委員会が作られた。しかし、素人(しろうと)が集まって会議をしても時間の無駄だ。それよりも、委員の誰か一人でも相手の首根っこをつかまえるような情報をもって来いというのだ。

買収したい会社の六位

買占め事件の際は相手が相手だけに、社長以下の役員はみんな逃げてしまい、末席の常務だった私が対応することになった。「戦闘体制」を整える必要があるので、弁護士はもちろん、警視庁の元警視総監、国税庁の元長官、株式場の裏事情に精通した元証券会社幹部などを顧問として迎えた。

証券のプロからは、ナミレイのような会社が乗っ取りにかかったら、海外に作ったカタカナの会社を使って株を買い占めることもあるとアドバイスを受けていた。実際、その通りだった。さらにはその筋に顔のきく人物まで押さえとして準備した。先輩の専務、法務担当もいたが、いろいろ人脈を駆使してそういう陣立てを作ったのだ。

そのような非常時に社内で勉強会など組織して、何も知らない人間ばかり集めても何の役にも立たない。私は社長を九期十八年、会長を今年で三年務めている。会長職ももう後継者に譲って引退しても良いのだが、まだ状況がそれを許してはくれないらしい。私が嫌いな「委員会」で先ごろ、わが社でも執行役員制をとるべきだという結論を出してきた。私はこの制度は意味がないから反対で、これまでは「俺のいる間はいやだよ」といい続けてきたが、昨年秋の取締役会で導入に決定した。新執行部がやりたければ、あえて私一人が反対し続けることもない。

ある経済雑誌でわが社は「買収したい会社」の六番目にランクされたことがある。五百億円の内部留保があり、堅実な経営で、その割には株式総額が少なく、投資ファンドなどが買いやすい会社だということらしい。剰余金を子孫のために残してやろうとすると経営者として能なしだといわれる。

現実に今世間を賑わしている村上ファンドは、わが社の株を二十八万株ほど買っていて、代表者が来社して協議したことがあった。その後、株主名簿を詳細に調べたところ、その時点では名前は見当たらず、見事に売り抜けてしまったようだ。その後、わが社のことを「株式を上場する価値もない会社だ」などと中傷したらしい。その話を聞いて私は、「そんな発言をされてなぜ黙っているのか」と役員を叱り付けたものだ。

平成十七年の株主総会は、三十分あまりで平穏無事に終了した。出席の株主から特段の質問も出なかった。が、社内の役員も含めて、配当を増やすべきだという声が毎年上がっている。彼らのいうことはまったく理がないわけではない。現在の配当は十七円でそう高くもないが低くもない。配当を百円にしろというなら、取りあえず八十億円もあればできる。うちは生産会社のように工場をもつ必要はないし、せいぜい研究所の施設を充実させるくらいしか金の使い道がない。だから積立金からその一部を取り崩せばいい。こういう内部留保を持っているから、買占めに乗り出してくる人間がいても不思議はない。M&A対策としては増資して発行株式を増やせば買収しにくくなる。だから、うちでも「増資すべきだ」という声はあるが、「ああ良いよ」といっている。増資にしろ増配にしろ、私自身もこの会社の株を三十万株持っているから、個人的には私は大もうけだ。

最近企業の社会的責任と称して、CSR（コーポレート・ソシアル・レスポンシビリティー）という文字を新聞などで頻繁に目にする。わが社でも格好だけそういう委員会を作っているが、ナンセンスだ。本来、社会の要請に応え、良い仕事をすることが企業の責任ではないか。本筋を離れた議論が横行しているように思えてならない。

機械メーカーならば、作っている製品が優れたものであり、世の中の役に立っていることが、そして食品会社ならその食品に栄養があっておいしく食べられるものを供給することが社会的責任だ。有害物質などを環境中に垂れ流すとか製品に含んでいるなどはもってのほかだ。

その意味で、わが社は社会に迷惑をかけるような仕事はやっていない。我々の仕事に関していえば、省エネルギーを可能な限り達成し、良好な環境の維持、改善に役立つことが我々の社会的貢献だ。

大企業病

日本中が狂騒状態だったバブル経済が終息し、世の中がだんだん下り坂になってくると、わが社も小さいながら大企業病といえる現象が現われてきた。端的な例を挙げると、自分の担当以外のことは、社の業務であっても知らないという社員が多くなってきたことだ。他の部署では何をやり、どのように進行しているのかがわからない。これでは業務を遂行する上で中途半端になってしまう。

そのような風潮は役員にも見られるようになった。例えば取締役大阪支店長は大阪支店のことしか知らず、ほかのことはしようとしない。取締役というのは会社全体の経営を考えるものなのに、そうではなく大阪の支店長だけなのだ。他の部署でもだんだんそうなってきて、応援を求めれば部署に関係なく総がかりで取り組んで仕事を仕上げてしまうという気風がなくなってきた。昔はそうではなく、皆が何でもやってしまった。

我々の業界はハードを作っているのではない。たとえばボイラーや冷凍機などはすべてよそのメーカーから買ってくる。そういう機材をいかに安く買えるかで儲(もう)けに差がでてくるのだ。あとは配管やダクトなどの現場作業をいかに減らして効率よく作業するかが決め手だ。手待ちなどないように切り回せばそれだけ利益が増えるから、工程管理が重要だ。そのやり方で儲かるときは儲かるが、損をする場合もある。

最近、わが社の幹部の予定表を見ると、社内で会議ばかりやっていることになっている。「会議ばかりやっていても仕事は来ないよ」と冷やかすのだが、会議をやって座っていると、何か仕事をしているような気になるのだろうか。会議のための会議のような意味のないものは減らせと指示している。会議の時間を測って、その分を減俸にすると脅すのだが、なかなか減らないものだ。

我々の業界は元請け、下請けがはっきりしていて、元請けが下請けの面倒をみるということが、不文律で決まっていた。必ずしも適切な例ではないが、一杯飲んでも支払いは必ず元請けの人間がしたものだ。

社内でも同じで上の立場に立つようになったらそうしたものだが、今は自分から引っ張っていく人間がいなくなった。課長になってもめんどうだから、そういうことをして部下を掌握しようとしない。そんなことで仕事ができるかと叱るのだが、なかなか意識は変えられないものだ。我々は部下を持って死ぬかもしれないところへ「さあ行くぞ」と突っ込んでいく教育を受けてきたが、実社会へ出てからもその精神でやってきた。そういう目でみていると、歯がゆい思いがする。

昔、我々の世代が設計の第一線にいて現場を担当していた頃、どこそこで空調施設を入れるという話を聞くと、それが劇場やデパート、工場であれ自分で企画書を書き、粗設計をして持って行って仕事をもらってきたものだった。相手が了解して「それで良い」ということになると、現場の監督をし、竣工した後は集金までした。その頃は振り込みによる支払いなどはなかったから、相手は小切手でくれる。

そういう一貫した仕事だったから、「設計が悪いから」とか「現場の段取りが悪い」とか内部でもめることもなかった。ところが、だんだん組織が大きくなると分業になる。営業部ができ、設計部は設計だけをやるようになる。責任の所在があいまいになっていくのだ。

今は余り自分に責任がかかってくるような発言はしない。「よし、俺が引き受けた。やろう」ということにならず、誰もいわれたことしかやらない。発言には責任が伴い、何か言うと言った人間に責任がかかってくるからだ。

先日も取締役会を開いたが、十七人いる取締役がみな社長のいっていることにほとんど賛成というだけで、何でも賛成する。中には何も意見をいわない役員がいるから、見かねて「何も発言しない奴は次から出席するな」といってやった。

長い間、社長の地位にいたが、社長の私に対して何やかやといってくる人間がいない。私はまだ課長か役員でもない部長の時代に「社長の方針は全然話にならない」などとけんかしたこともある。面と向かって反対意見でもいっていたものだ。だから社員には「俺とけんかしにこい」といっているのだが、誰も来ないどころか役員会でも黙ったまま、というのは結構深刻な事態だと思う。

アグレシブな気概をもった人材が少ないというのも気がかりだ。例えば次のようなケースがある。

同業に新菱冷熱という会社がある。そこの創業者の社長は、三菱地所の社長に会うために「地所」の本社に雨が降っても風が吹いても一ヵ月間通いつめたそうだ。そうやって当時の「地所」の社長に会って仕事をもらい、同社に食い込んだという。

社長が出社するのをじっと車の中で待ちうけていて、「では一度会いに来い」といわせるまでに強い印象を与えたのだ。それがきっかけとなって新菱冷熱は三菱地所にがっちり食い込み、今では同社が開発を手がける仕事の多くを請けている。そうやって発展してきた会社だが、今ではわが社の手強い競争相手に育ってきている。

そういうバイタリティーは、残念ながらうちの社員にはない。というのは、わが社では入社したときから、仕事は「ちょっとおいで」とお客さんの方からくれたものだ。一時期まで営業社員がいなくてもやってきた。その点で右にあげた会社のように苦労して仕事を取って業績を上げてきた会社とは成り立ちが違う。例えばそういう苦労をうちの社員はやってきていない。

今では事情が違うとはいえ、私の時代にはまだ課長クラスの役職でも、東急グループの総帥の五島昇社長を訪ねるなどしては営業をしたものだ。

企業に入って何かに挑戦することは当たり前のことだ。したがって、そうやって努力してきた人が力をつけてリーダーになるのは当然だ。私は会社経営の他に財界人としての活動もしているが、それも個人の信条どおりにやってきた。私の海兵同期には社長ではないが最高裁判所の長官になった人間もいる。昔の陸士、海兵には、中学高校の成績の良い者が行ったのだが、そのような学校の出身者はエリートでもあった。こういう人たちが戦後の日本のリーダーシップをとってきたといっても良い。

もうひとつ目に付く現象は、いわれたことしかやらないような人間が、だんだんと多くなってきている。なぜそうなのか、考えてみるのだが、今の時代は食うに困らないから、何とか一日が無事に過ぎてくれれば良いという魂胆だ。我々の時代には、働かない人間は食っていけなかったが、今は飢えることもなく、そのうえ一年の三分の一が休暇で給料をもらえるのだから、生活に切実感がない。昔は困っていたら家族が一丸になって何とかしようと考えたものだが、今は家族でもバラバラだ。

最近の新聞に、生活が苦しいと感じている日本人は五十七パーセントだと書いてあった。私にいわせれば何が苦しいのか、不思議でしかたがない。今日食べるご飯がないなどということを、今の人たちは経験したことがない。それでいて、生活が苦しいのだという。

我々が子どもの時代には、すしやうなぎなどという食べ物はたいへんなご馳走で、家に客があったときとか親戚のおじさんの相伴にあずかるくらいのものだった。年に一度か二度食べられる贅沢な食べ物だった。今は普通にそういう食べ物を口にしているが、そんなものを食っていて何が生活が苦しいのか。

社会や働く人たちの意識の変化もあるだろう。今では学校を出たらどこかの会社に就職することは決まった道ではなく、選択肢のひとつとなりつつある。会社のあり方も変化を迫られている。

高度成長やバブル経済の恩恵を受けていた頃までは、サラリーマンでもひとつの会社に定年まで勤め上げれば、退職金で家作の一軒くらいは造って、退職後は平穏に暮らせるという目標があったが、今はそんなささやかな目標すらもてない。永遠に右肩上がりの業績拡大が続くことなど望めず、退職金を減らさないと、会社自体が立ち行かない時代になってしまった。会社に自分の人生を托すなど思いもよらない。それだけでなく、会社自体の存続も不確かな時代である。

そういう時代ではあるが、そこで手がける仕事や企業に対しては、ある種のロイヤリティーを持ってもらいたいと思っている。

若者は何に目標を置いて人生を生きていくのか、その目標そのものを設定することが難しいらしい。気の毒なことだと思う。新聞によると、新入社員の五割以上が管理職になりたくないという。同じ会社で昇進を重ねて役員、社長を目指すことも、管理職として何がしかの責任を負うことも面倒だということらしい。

私は新入社員に「一週間くらい考えて、この会社で働くのがつまらないと思ったら、早めに辞めてくれ」と入社式でも訓示した。せめて半年くらい働いたところで様子を見てやめるなら、さっさと辞めてくれということだ。入社して五年も十年もたってから、「この会社は俺に合わないから辞める」というのはお互いにとって損だ。目的も見出せずつまらないままに働いていても、本人にとって不幸だし、時間をかけて社員を教育する会社にとっても損失だ。

終身雇用は悪くない

だからといって、私はこの会社が人材も育てず、流動的な組織であれば良いといっているのではない。企業の変化は近年著しく、終身雇用、年功序列という日本固有の雇用形態は崩れようとしている。サラリーマン社会も大きく変わろうとしている。しかし、培われた技術は受け継がれていかねばならない。そのために年功序列という雇用形態が大きな役割を果たしていることは事実である。

雇用形態に変化が出始めてはいるが、私はわが社にとって終身雇用制度は、技術の伝承という意味で良い制度だと思う。終身雇用制、年功主義は基本的には守っていく考えだ。これらの制度が根本から全部変わってしまうことはあり得ない。

今後数年の間に、団塊の世代が一度に退職していくが、そこにはひとつの大きな問題がある。経験豊富な人材が現場から一斉に消えてしまい、技術の伝承がうまくいくかという問題だ。トヨタなどではそのような事情を考慮して、本人が希望すれば六十五歳まで職場に残れる制度を作っている。労働基準法でも、段階的に定年を六十五歳に延長することが決められている。

わが社でもこれまでの六十歳の定年を二年ごとに延長し、六十五歳にすることを決めている。通常の場合、健康であれば六十五歳というのは、私の場合を振り返っても一番油が乗って働いていた時期だ。そういう年齢で引退を迫られ、後はおつりの人生を送らせるというのは、本人はもちろん、社会にとっても不幸なことで大きな損失だと思う。

高齢者の労働というのは、それまで蓄えた経験、知識を生かした頭脳労働であれば良い。我々の現場でいうと、若い職人と一緒になってエアダクトを作ったり、鉄板を叩いたりねじ切ったりという仕事をする必要はない。そういう労働にはある年齢になると、現場に出て作業することに危険が伴う。

老練な工員が身につけている技術は、若い世代にはすぐには身につけることはできない。そのような技術を継承していく制度が求められるのである。終身雇用制度はその意味で必要であると思う。技術はそうして継承していかなければ、次世代に伝えられないのだ。会社に入って三年や五年では技術を習得することはできない。

わが社のような工事屋である限りは、基礎的な技術をもっていなければならない。経営者としてはそれを保障するように務める義務があると思う。この業界には金融業界のような人の移動はなく、どこの社もヘッドハントしてよその会社から人材を引き抜いてくるということはしていない。それぞれの社が独特のカラーと得意な分野をもっている。

わが社だけのことではなく、これからの日本が世界の中でしかるべき地位を維持するためには、他国に追随を許さない技術で各国の先を歩き続けることだ。そのためにも、技能者を大切にしなければいけない。もの造りの技術というものは、右から左に売ったり買ったりできるものではなく、人を育てることによって手にするものだ。

かつて、マレーシアのマハティール首相は、「ルック・イースト」政策を掲げ、自国の産業発展のために見習うべき国として日本をモデルとした。敗戦の焦土の中から立ち上がって戦後復興、高度成長を成し遂げた日本は、同首相の目にはアジアの中で学ぶべき国だったのである。そして称えたのが「ルック・イースト」であった。

同首相は日本を訪問するたびに機会を作っては東京・蒲田の町工場街を視察し、職人の技を見学していったという。

東京大田区の小さな町工場では、アメリカのNASAが打ち上げるロケットの部品を製造している。ロケットの先端部分で、そのとがった曲面は平絞りといって金属の板を絞るようにカーブさせて作る。その微妙なカーブを作る技術は、いくらコンピューターが発達していても人の手作業に頼っている。

アメリカではこういう仕事はできない。レンズの研磨もそのような手作業が重要な技術で、こうした技術が日本に残っていて後継者がいる限り日本は大丈夫だ。その意味で私は日本の将来をあまり心配していない。

社長営業

出張などにはいつも秘書を連れずに一人で行くことは前にも書いたが、私はこれまでの企業人生で、ほとんど現場に出るか先頭を切ってものごとを処理してきたと思っている。それは自分自身の性格にもよるが、積極的にものごとに対処し、事に臨んで逃げることなく、責任を全うすることがリーダーの役目だと考えているからだ。

若い頃はそんなやり方で上司にも正面から意見をいって疎(うと)まれたこともあったが、その結果、配置転換を命じられて経験した現場やいくつかの任地での仕事は、後に私が経営者の立場に立つようになって大いに役立っていると思う。

社長になってからも、私は直接、得意先の企業へ足を運んでは仕事をとってきた。シンガポール支店の損失を処理したときは、交渉相手の商社の担当者が海軍兵学校の同期だったため、交渉は円満に解決したことは前に書いた通りだが、ビジネスの世界ではこの海兵人脈が大いに役に立った。

この人脈はなかなか豊富で、私より上の期の多くは戦死してしまったが、私の七十五期は最上級生で終戦を迎えたから、全員が生き残ることができた。一時期、海軍兵学校の同期生だけで東証一部上場企業の社長が二十一人もいた。同期ではないがその下の期も健在だ。海軍関係の学校には兵学校の他に機関学校、経理学校などもあって、それらの出身者は同窓意識もあってビジネスの上でも話が早い。

私の場合、戦後は慶応義塾大学へ進んだが、大学の友人、同窓の知人のグループも大きな財産になっている。慶応のOBは母校のためによく働き、大学の理事や評議員をしている者も多い。そんな関係で私も各種の名誉職をおおせつかっている。

銀座にある交詢社は主として慶応出身者のクラブである。この中にも海軍出身者の会「ネイビークラブ」があり、私はその会員でもある。この会で今も健在なのはほとんどが予備学生出身で、兵科ではない主計科が多い。そのような慶応の人脈もあり、仕事でも電話一本ですむ場合が多いのである。仕事のきっかけをつかむためによく相手の会社の役員の出身校を調べたものだったが、兵学校、慶応の関係者がずいぶん数多くいた。

学校関係の他にもいろんな団体の役職を引き受けているが、それはある種の社会奉仕と思ってやってきたからだ。セイコーの服部禮次郎さんは慶応の先輩だが、同氏から誘われてスウェーデン協会の役員に就任した。そんな縁で同国ストックホルム商科大学に日本研究所を作る基金として会社から一千万円ほど寄付をしたことがあった。わが社が景気の良い頃だ。おかげで私はスウェーデンのファーストクラス北極星勲章を授与された。この勲章は外国人でスウェーデンに功績のあった人にくれる。

後には同協会の評議員もやったが、経団連、商工会議所といった団体の役職は計算すると二十は超えるだろうか。中には早期胃がん発見協会評議員などという肩書きもあるが、私がやっている意味も良く分からない。そのような会合に顔を出していたら時間がいくらあっても足りないから少しずつ整理しているが、必要なら新社長に受け継がせていかなければならない。こうした各種の団体を通じた幅広い交友が、仕事の上でずいぶん役に立っていることは間違いない。

新しい仕事を獲得するためには、どこの社がどんな工場にどのような設備を考えているかなどの情報を整理してから、その内容を自分たちが検討してから施工主に接触する。そんなことはどの社もやっているから、大事なのは最初に情報をキャッチすることだ。

最近もこんなことがあった。スウェーデンの家具会社の日本法人が五億三千万円かけて工場を造る計画があることを聞いた。たまたまスウェーデン協会の会合でそこの社長と会ったので、「うちと組む元請けのゼネコンは大成建設だから、よくいっておいてください」と話しておいた。

すると、その通りに大成がこの仕事をすることになり、わが社はその内装、空調の設備工事を担当することになった。そうやって仕事を請けたこともあった。そのかわり、前にもいったように協会の集まりだとか中小企業協会の評議員だとかよけいな役職がたくさんある。

2000年、スウェーデン国王の晩餐会にのぞむ

営業の部隊を見ていると、その動きに歯がゆくなることがある。上の人間が足を使うことはもちろんだが、例えば設備の見本のようなものを作って「こういうものはどうですか」と得意先に薦めるような営業をしない。何もなくて何億、何十億円の仕事をしようと思うなら、そのためには相手を納得させ、その気にさ

とれない。

せる具体的なものを提示しなければならない。顔で仕事をとるといっても、何もなくては

私の営業のやり方は、例えば次のようだ。つい最近、東京・築地にある松竹会館を建て直す計画があった。松竹の本社といくつかの映画館が入った複合ビルだが、この仕事を直接永山武臣会長に会って取ってきた。永山氏は、歌舞伎役者が襲名披露公演で「この度は永山会長さまのお許しにより」と口上を述べるような大会長だ。営業だからといっても、最初から仕事の話をするわけではない。

私は趣味のひとつとして歌舞伎もよく観るが、歌舞伎の話で永山会長との面会の予定の時間はあらかた過ぎた。私は下町育ちで、近所には女形の大谷友右衛門の専属かつら師が住んでいて、家族ぐるみの付き合いがあった。そんなこともあって、歌舞伎座の舞台のそでで芝居を見せてもらったこともある。歌舞伎には子どもの頃から親しんでいて、よく観にいったから知識もある。そういう知識、教養を持つことが大切なのだ。

私は年に二、三回、宝塚歌劇を観にいく。歌劇団の本社阪急電鉄の小林公平氏が兵学校の同期生という縁もあって切符が手に入るからだ。周りは老若の女性ばかりで男性は少ないが、そういう舞台を観ておくことは教養としても必要だし、わが社が東宝の仕事をすることも多いから、舞台に限らず映画でも観ておくと、仕事の上で円滑に話が進むことは多い。若い人たちにはそういう勉強もしてもらいたいのだ。何も話題がなくては人に会って

もしようがないし、営業などできるものではない。

松竹本社改築の仕事は、わが社が空調工事を施工することに決まった。永山会長との歓談の最後に、「ところで会長、あの仕事、うちにやらせてくれませんか」「ああいいよ」。仕事の話は最後のこの一言、それで終わりだ。

海軍や慶応の知り合いは大勢引退したが、まだ隠然たる勢力をもっていて、人脈は広い。山口銀行相談役（元頭取）は兵学校の同期生だが、こういう仲は「頼むよ」といえば簡単に仕事の話はすむ。そういう人間もまだ経済界に大勢残っている。

それは我々のようにこの年まで経験、実績を積み上げてくればある意味で当然ではあるが、自分の人脈を作るためには、人と違った努力をしなければならない。人の名前を覚えることも大事だ。自慢ではないが、私は千七百人ほどいる社員の名前をほとんど覚えている。

海外の事業所の従業員でも、私は大抵の名前を覚えていて、先日も相手は私の誕生日にバースデーカードを贈ってくれた。「ありがとう」の一言だけ書いて返事を出しておいたが、それだけでもきちんとやっておくと、いろんな情報も入ってくるというものだ。

人脈を作り情報を得るには、やはりまめでなければいけない。私はどんなに先輩や、地位の高い人でも会うことに気後れはしなかったが、人に会うことを億劫に思ってはいけない。

うちの社員は幹部でも新聞の訃報欄を案外、見ていない。営業本部長の常務も社長も取引先の元社長の死亡、葬儀を知らないのだが、それは、やくざの世界ではないがこういう「義理かけ」の大事なことを認識していないからだ。先方の取引先は現役の社長も重役も全部出席しているのだ。祝儀、不祝儀のそういう場でのつきあいの中にも「こころ」はあって、それが将来につながっていく。だから私は社員に新聞の訃報欄をみることの大事さを説いている。

新聞を開いて訃報欄だけしか目を通さないという人もいないと思うが、暇があったらどんな新聞、雑誌、書籍でも読む努力をすることだ。例えば株式欄でもよい。たくさんの企業の株価の動きを自分なりに分析し、人と会った機会にでもいろんな角度から意見をきいてみる。そうして吸収した知識を交えて自分の判断力を養うのだ。そうした能力が先見性につながっていく。

多くの社員を見ていて感じることは、皆があまり勉強をしていないのではないかということだ。勉強というのは技術のことではない。社員は空調の技術的なことは専門だから当然知っているが、私がここでいう勉強とは、社会的な現象とか社会問題のことで、そういう社会的な問題におしなべて関心をもたない。あまり本も読まないのか、「これは何だろう」という疑問をもつことが少ないようだ。技術以外の勉強、知識、教養は我々のような仕事をする上でも必要だ。

細心に、大胆に

仕事をする上で心しておくべきことは、慎重にあらゆる可能性を検討した後は、失敗を恐れずに実行することだ。大本営参謀出身という異色の財界人瀬島龍三氏が「作戦は臆病に、実行は大胆に」という趣旨のことを語っているが、私が信条とするものもこの言葉と同じ意味である。

消極的と人は思うかもしれないが、私の場合は、何かを計画する際には、負けたらどうするか、そのときにとるべき対処法をいくつか考えておく。「勝ち戦」なら計画通りにそのままやれば良いところだが、あまりにも失敗を恐れて自分にかかる責任を考えていると、行動が退嬰（たいえい）的になり、何もしなくなってしまう。ここが難しいところだ。社内の会議を見ていても同じことがいえる。何かよけいなことを言うと、言った当人に責任がかかってくるからと黙ってしまうのだ。

経営幹部、とりわけ社長という立場の人間は先が見えないといけない。加えて、細心であれ、大胆であれと私はいつもいっている。細心、大胆とは、具体的にいうとこういうことだ。

私の血液型はA型で、自分でいうのもおかしいが割合、几帳面なところがある。そういう性格的な面と、もうひとつは軍隊で叩き込まれた経験もあって、何事をするにもきちんと予定を立てて実行してきた。文字通り体にしみ込むまで兵学校で教え込まれてきたが、その経験が生きているのだと思う。作戦を立て、負けたらどうするか。海外の事業でも、人が足りなければ応援部隊をどこから引っ張ってきて投入するかなど、綿密な計画を立てておく。

わが社が海外事業に進出して行ったときも、パートナーとなる相手が重要だった。だから相手の調査も十分にやった上で進出して行った。そのためわが社のパートナーはみんなよいところで、今も提携関係は続いている。ところが最近、北京の合弁会社で問題があった。現地で雇用した中国人の給料は三、四万円なのに、一人だけ日本語の流暢な人間に二十万円給料を払っていたのだ。こういうことは紛争の原因になる。

なぜそういうことになっているのか、現地の責任者に問いただしたところ、「日本語はうまいし、仕事は私以上にできる優秀な人間だから」という答えだ。「それならお前は必要ないから帰ってきたらどうか」といってやった。それはともかく、極端な別格扱いをすれば他のローカル社員の手前おかしなことになる。一度に同じ現地採用の中国人並みに給料を引き下げるわけにもいかず、面子を重んじる中国人にそのように扱うことも難しい。結局、その社員には辞めてもらったが、そういう細かい配慮が必要なのだ。

大胆にとはどういうことかというと、例えば新事業に資金を投入する場合、一度やると決定したらちびちびと小出しにするような投資はだめだ。細かな仕事ではない大規模な工事を請け負うような場合には、特に思い切った行動をとらなければいけない。私がシンガポールに建設するイギリスの製薬会社との工場建設契約を締結に持ち込むためにとった行動は前にも書いたが、この場合でも大胆に行動したことが成功に結びついたと考えている。

その当時わが社の資本金は十八億円、それに対してイギリスのビーチャム社が計画していたのは工場、研究所の建物建設を含む工事で、三十三億円の費用がかかった。資本金の二倍近い金額に、ビーチャム社では「タカサゴにできるのか」と疑問視する声があった。また、わが社の内部でさえも心配する意見が出た。「このような大規模な施工工事はまだわが社の力量を超えているのではないか」というのだ。

私はロンドンの本社に行って同社の副社長にも会い、立派な会社であることも確認し、一方では海軍の先輩が社長をしている建築設計会社に協力を求めて契約に漕ぎ付けた。この仕事は大きな利益をもたらし、シンガポール支店の赤字を一気呵成に解消してしまった。

社長に就任して打ち出した五ヵ年計画「プラン'90」を策定したときもそうだ。過大な目標を掲げて、社内の誰もが達成できないといったが、計画は四年で達成してしまった。

何でそのように大きな数字になったかというと、はっきりいって山勘のところはある。しかしそれなりにリサーチもして、世の中の動きを見ると当時は結構、調子よく行っていた。ひょっとしたらうまくいくのではないかという思いがあり、目標だけは掲げようと半信半疑でやったところが、これがうまくいって四年で達成してしまったのだ。こういうときにこそ経営者の決断、大胆さが求められるのだ。

そうはいっても、どのように周到な準備をし、計画を果断に実行したからといってうまくいくことばかりではない。時勢というものもあって、その時を得なければならない。私の場合は、ナミレイ事件を引きずっていて、その対策などに苦労した時期もあったが、時勢という意味ではついていた。運の悪い人はどんなに努力してもダメなときはダメで、そのような人の運というものはある。だからといって、そのようなときに何の努力もしなくてよいといっているのではもちろんない。

私の社長在任中はすべて黒字決算で通した。その後半はバブル経済も崩壊した後だったが、決算期ごとに収益は損益分岐点に近づいては来たが、何とか黒字で配当もきちんとした。バブル期には多くの企業が本業を離れて株や土地に手を出し、大きな負債を抱えて痛い目に逢う企業が続出した。日本中が狂っていたような時代だったが、わが社は土地を買いあさることも株に手を出すこともなく、あくまでも本業に徹していた。

本社近くの土地を仲介業者が「本社を建てては」と持ち込んできたことがある。二百坪の敷地の当時の売値は二百億円だったが、買わなかった。その土地は今も売れずに残っていて、評価額は五億円だ。もし買って持っていたら、丸々損をしたようなものだ。そんな企業がいくらでもあった。だから、全体の景気は落ち込んでその影響は受けたものの、わが社は負の遺産というものがない。これも細心さに基づく経営判断の結果というものだ。

ビジネスの基本とは

社長を十八年もやりながら、その間になぜ後継者を養成しなかったのかと尋ねられることがあるが、それにはわが社固有の事情がある。それはナミレイ事件の後遺症だ。社員の中には事件に関与した者もいて、そういう人間でも会社は定年まで雇用したが、一度会社に反旗を翻そうとした社員の中から後継者を出すわけにはいかない。だから、この年齢層に空白があるのだ。そのうえ私が後継者と目していた社員は、惜しいことに事故で早死してしまった。

平成十六年、社長の椅子を後輩に譲り、会長職について三年目になるが、商売上の「顔つなぎ」などすべてを後輩に任せきるわけにはいかず、人脈のすべてを後継者に引き継ぐにはまだ時間が必要だ。取引先など付き合いのある人たちには一通り引き合わせてあるが、人間の付き合いを引き継ぐことは一朝一夕にはいかない。

人と人との付き合いの基本は気遣いと礼であると思う。気遣いは誠意といい換えてもよい。これはビジネスにも通じる付き合いの基本である。ところが最近、若者ばかりではなく、大人といわれる人間にも常識がなく礼に欠ける人間が増えているようだ。先日もこんなことがあった。

私と同期入社で常務までやって引退した元役員が亡くなり、その葬儀があった。その元役員は名古屋の支店長もやり、そんな縁で、まだ健在の先輩の名古屋支店長が八十六歳になるというのに杖をついて駆けつけた。なのに、この間まで名古屋支店長だった現常務は通夜にも告別式にも出席していない。私はその常務を呼んで「お前は何だ」と怒鳴りつけた。「用事があったから」と弁解していたが、先輩を敬わない情のない人間では困る。礼のない会社、礼儀を知らない人間はだめだということだ。

私はある部分で日本の将来に大きな危惧を抱いている。それは若者ばかりではなく日本人全体に気力がないことだ。このようなありさまではグローバル化といい、国境の垣根がますます低くなっていく時代に、日本人は落ちこぼれて行きかねない。それも、男よりも女の方が頑張るのは今の時代の風潮のようで、社内でも概して根性があるのは女性の方だ。

若い社員が社内で私と鉢合わせしそうになって、何もいわず廊下を曲がって姿を隠してしまう。女性社員は「お早うございます、お元気ですか」などと声をかけてくるのに、男が余りにも元気がない。礼儀がなっていない。そのように男に元気がないのでは、日本の将来が危ぶまれるのだ。

昔、軍人は「軍人勅諭」にあるように、「一つ軍人は忠節を尽くすべし」と暗誦させられたものだ。軍人が忠節を尽くすのは当たり前だが、二番目は「礼儀を正すべし」で「武威を尊ぶべし」は三番目になっている。それほど礼儀は大事だということだが、柔道でも礼に始まって礼に終わるといわれる。その礼というものがかけていることに危うさを感じるのだ。

人生で最も大切なことは、嘘をつかないことだ。できないことはできないといわなければいけない。仕事の上で「できません」というのは難しいが、ひとつ嘘をつくとそれを糊塗するためにまた嘘をつくことになる。

エピローグ

長いこと社長業をやり、財界団体などの役職についていると、「リーダーシップとは何か、求められる人材とは？」という質問をよく受ける。「企業は人なり」とは昔からいわれることであるが、とりわけわが社のように技術で拠って立っている企業については至言であると思う。その人材について、以前「ＰＨＰ」という雑誌に求められて書いた一文があるのでそれを紹介しておこう。

このテーマを述べる前に「今」という時間の問題に言及しておきたい。時の流れはまことに捉え難いもので、たとえば五年後、十年後、さらにもっと長期の未来が、どうなるかを予測することは不可能である。科学技術の現状の水準や世界の政治経済、さらには文化の動向からある程度の予測は可能であろうが、実感的に認識することはできない。

自分自身もそうであったが、多くの会社の若い人たちは会社の寿命は永遠だと思っている。しかし、いつまでも売れ続ける商品や、サービスはあり得ないということを認識しなければならない。それは今まであったものがなくなり、なかったものが出てくる「変化」が、確実な事実であるということである。

さて、このような「今」の認識に立ち、本題の人材について述べることにしたい。

――「求められる人材」というと何か抽象的、非日常的な存在を意識する人が意外に多いのではないだろうか。実はそうではなく、我々の身近に多くいるのである。

先ほど述べたように会社は有限の存在であるが、多くの会社が時の流れに飲み込まれずに隆々と栄え、今後も発展しようとしている。これは何を意味しているかというと、それを可能としている人材が存在しているということにほかならない。たしかに、時代の変化とともに必要とされる知識や技能の種類と水準は変化するが、組織を作り、これを発展させる原動力となる人材の特性には多くの共通点がある。

「今、求められる人材」は、昔から求められている人材で、私たちの周りで現実に活動している優れた経営者や幹部、若手社員の中にもその特性を見出すことができる。端的にいえば、旺盛な好奇心、目標に向かって飽くことのないチャレンジ精神、機に応じた柔軟な発想力、そして困難や逆境すら楽しめる器量の広さ、こういったことこそ、古今を通じて普遍的に求められてきた人材の特徴である。

このような人材は、我々の周りに多くいるのであるが、ただ気がつかないだけなのである。それは、優れた人物は望ましい特性を一人ですべて兼ね備えていると思いがちであると同時に、身近な人の場合は欠点も見られるからであろう。しかし、よく見れば、多くの優れた特性をもっていることが容易に理解できる。そして、身近に手本を求め、親しく交わることが、自らを有用な人材にまで高める最良の方法であることを強調しておきたい。

――

この文章は寄稿してからだいぶ時間はたっているが、今読み返してみても変化の激しいこの時代に通用すると思えるので採録することにした。

私はこの会社に入って、今年平成十八年で五十七年になる。振り返ってみると他の職業についていたらどうだっただろうかと思うこともあるが、この仕事で自分にはちょうど良かったと思っている。自分に向いていたなと思うのは、技術屋としての設計の仕事はもちろん、現場では職人を動かして設計したものがだんだん形を整えていく姿を見ることに面白さを感じていたからだ。

その仕事の面白さは、ホテルでありホールであっても、ひとつとして同じものがないということだ。ひとつの仕事を終わるたびにそれがすべて違うというのは、それに携わった人間にしか分からない面白さだろう。自ら切り開いて海外に事業を展開できたことも幸せだったと思う。

企業人としてその人生を全うする秘訣は、体が丈夫でなければならないことはもちろんだが、仕事というものは全力を振り絞ってやらないことだ。いつでも全力を振り絞っていたらぶっ倒れてしまう。だから、腹八分目という言葉があるように、仕事でも八分目くらいで余力を残しておく方が良い。倒れるまでやるなどということは馬鹿げたことだ。

ここ一番というときに余力が残っていなければどうなるのか。私の経験でいえばナミレイ事件のときがそうだった。ここぞという一発勝負に出るときがあり、そんなときこそ全力を振り絞ってことに当たらなければならない。そのための力を常に残しておかなければならないのだ。企業人としての長い人生には、そういう修羅場が一度や二度はあることを普段から頭に置いておくことだ。とにかく無理はしないことだ。そうはいっても、手を抜いて良いということではないが。

私の人生とともに始まった昭和という時代も、思えば遠い過去になろうとしている。二十一世紀に入って、我々の暮らしもビジネスの世界も、その変化は余りにも急激だ。だが、激しい流れの中に身を置いてその変化に対処しながらも、これからの時代を生きる人たちには常に志を持ち続けて欲しいと切に願わずにいられない。

【著者紹介】
石井　勝（いしい・まさる）
昭和2年8月9日東京生まれ
昭和20年10月海軍兵学校卒業、昭和26年3月慶應義塾大学工学部卒業、同26年4月高砂熱学工業株式会社入社、昭和45年4月同社技術本部技術第2部長、昭和47年5月同社取締役、昭和54年6月同社常務取締役、昭和58年6月同社専務取締役、昭和60年6月同社代表取締役副社長、昭和61年4月同社代表取締役社長、平成16年4月同社代表取締役会長

海軍兵学校に学んだ　指揮官経営学

2006年10月30日　第1刷発行

著者　石井　勝
発行人　浜　正史
発行所　株式会社　元就（げんしゅう）出版社
〒171-0022 東京都豊島区南池袋4-20-9
サンロードビル2F-B
電話　03-3986-7736 FAX 03-3987-2580
振替　00120-3-31078
装幀　唯野信廣
印刷所　中央精版印刷株式会社
※乱丁本・落丁本はお取り替えいたします。

ISBN4-86106-046-X　C0034